R을 이용한 코퍼스언어학 연구
- 한국어, 영어, 중국어 시제와 상 연구를 중심으로 -

R을 이용한 코퍼스언어학 연구
- 한국어, 영어, 중국어 시제와 상 연구를 중심으로 -

홍정하 · 유원호 · 강병규

역락

"흔히 통계 분석 도구로 알려져 있지만, R은 통계 분석 및 시각화 환경이 잘 갖추어져 있는 프로그래밍 언어이다." 필자는 이러한 말로 강의를 시작하고는 한다. 이는 R을 학습하기 위해서 충분한 시간 투자와 노력이 필요함을 강조하는 한편, R의 활용도가 매우 다양하다는 것을 설명하기 위함이다. 물론 R은 인문학 교육 및 연구에 유용한 도구임에도 프로그래밍 언어에 생소한 인문학도 및 인문학자들이 학습하기에 어려움이 많을 수밖에 없다. 그러나 텍스트를 수집, 가공, 분석하고, 분석된 결과를 시각화하는 일련의 작업이 필요한 코퍼스 언어학 교육 및 연구에서 R은 보배 같은 도구임이 분명하다. 이는 R이 학습하기에 어렵지만, 자유로운 기능 구현이 가능한 프로그래밍 언어이기 때문이다.

필자가 R을 이용하여 언어학을 비롯하여 인문학 전공생 및 연구자들에게 코퍼스, 통계, 빅데이터, 프로그래밍 관련 수업 및 특강을 한 지가 이제 10년이 되었다. 지난 10년간의 강의 경험에 따르면 인문학도 및 인문학자에게 R의 학습이 어려운 이유는 대체로 프로그래밍 언어로서 R의 기본 원리에 대한 학습 부족과 더불어 실제 예제 코드와 R의 기본 원리 사이의 관련성에 대한 이해와 학습을 간과한 측면이 크다고 할 수 있다. 이러한 점을 고려하여 이 책의 1장에서부터 4장까지는 R의 기본 원리를 설명하는 한편, 이 기본 원리가 실제 예제 코드에서 어떻게 활용되는지를 소개하여, R의 기본 원리에 대한 이해와 활용 능력을 높이는데 중점을 두었다. 특히, 예제 텍스트 파일, 코퍼스 파일을 이용하여 실제 텍스트/코퍼스 처리 및 분석을 실습할 수 있도록 내용을 구성하여 R의 기본 원리 학습과 실제 코드에 대한 이해에 도움이 되도록 하였다. 이 책의 예제 텍스트 및 코퍼스 파일은 (https://github.com/ConductingCorpusResearchWithR/R)에서 다운로드 받을 수 있다. 또한 4장에서부터 8장까지는 한국어, 영어, 중국어의 시제와 상에 대한 연구 실례를 통해 R을 이용하여 어떻게 코퍼스를 처리하고 분석할 수 있는지를 다루고 있다.

　이 책은 2017년 2월 서강대 언어정보연구소 주최 학술대회에서 필자와 더불어 이 책의 공동 집필자인 유원호 선생님, 강병규 선생님의 한국어, 영어, 중국어의 시제와 상과 관련한 코퍼스 언어학 연구 발표에서 시작되었다. 서강대 언어정보연구소 류동춘 소장님께서 학술대회에서 발표되었던 논문을 중심으로 단행본 출판을 기획해 주셨고, 필자의 R과 관련한 강의 및 특강 자료를 포함하여 출판하면 좋겠다는 유원호 선생님, 강병규 선생님의 제안에 따라 이 책을 출판하게 되었다. 이 책의 출판을 위해 기획 및 진행을 맡아주신 서강대 언어정보연구소 류동춘, 이정훈 소장님, 이 책의 좋은 구성을 제안해주시고 공동 집필을 해주신 서강대 영미어문학과 유원호 선생님, 서강대 중국문화학과 강병규 선생님께 감사의 말씀을 드린다.

2018년 2월
두 분의 공동 집필 선생님을 대신하여
홍정하

● 차례 ●

제1장 R 시작하기

1.1. 데이터 분석을 위한 프로그래밍 언어 R

최근 다양한 분야에서 데이터 분석의 중요성이 강조되면서 숨겨져 있던 유의미한 정보를 추출하기 위한 데이터 분석 도구에 대한 관심이 점차 확대되고 있다. 물론 데이터 분석 도구마다 장단점이 있지만, 데이터 분석에서 프로그래밍 언어 R이 각광받고 있는 이유는 다음과 같다.

첫째, R은 본질적으로 프로그래밍 언어이기 때문에 학습 난이도가 비교적 높은 편이지만, 한편으로 프로그래밍 언어이기 때문에 사용자가 원하는 기능을 자유롭게 구현할 수 있다. 반면, 데이터 분석용 도구로 많이 사용되는 SPSS와 같은 사용자 친화적인 상용 소프트웨어는 학습 난이도가 비교적 낮은 편이지만, 개발자가 구현한 기능만을 사용할 수 있다는 단점이 있다. 따라서 SPSS를 사용하면 주로 개발자가 데이터 분석과 관련하여 구현한 기능만을 활용할 수 있는 반면, R과 같은 프로그래밍 언어를 사용하면 사용자가 수행하고자 하는 데이터 수집, 가공, 변환, 분석, 시각화 등 데이터와 관련된 일련의 작업을 모두 수행할 수 있다.

둘째, R은 통계 계산 및 시각화 환경이 잘 갖추어진 프로그래밍 언어이다.[1] 프로그래밍 언어이기는 하나 데이터 분석을 궁극적 목적으로 하기 때문에 데이터 분석에 적합한 데이터 구조 및 함수를 기본으로 구성하고 있다. 따라서 데이터 처리 및 분석을 목적으로 프로그래밍 언어를 선택해야 한다면, R이 가장 적합하다고 할 수 있다.

셋째, R은 프로그래밍 언어 중 학습 난이도가 비교적 낮다. 데이터 분석 분야에서 가장 많이 사용되고 있는 프로그래밍 언어는 Python과 R이라고 할 수 있다. 물론 이 두 언어가 다른 프로그래밍 언어에 비해 데이터 처리 및 분석에 특화되어 있는 측면도 있지만, 학습 난이도가 비교적 낮다는 강점이 있다. 특히, R은 앞서 언급한 것처럼 데이터 분석을 궁극적 목적으로 하기 때문에 데이터 분석에 필수적인 데이터 구조와 함수를 기본 구조와 함수로 채택하고 있는 반면, 일반적 목적의 프로그래밍 언어인 Python은 데이터 분석을 하기 위해서 부가적인 데이터 구조와 함수를 학습해야하는 부담이 있다.

넷째, R은 무료로 공개되는 프로그래밍 언어로 전 세계에서 가장 많은 사용자와 개발자를 확보하고 있다는 장점이 있다. R 등장 이전에 데이터 분석 분야에서 많이 사용되고 있던 SPSS, MATLAB 등은 대부분 유료 도구 또는 언어이다. 이는 경제적 부담과 더불어 데이터 분석 교육과 학습의 확산에 장애물이 될 수 있음을 의미한다. 반면, R은 무료로 배포되므로 경제적 부담 없이 데이터 분석을 교육 및 학습하고자 하는 사용자에게 매력적이다. 더구나 전 세계 사용자가 자발적으로 구축한 학습 사이트, 예제 코드 사이트, 질의응답 사이트 등을 통해 풍부한 교육 및 학습 자료를 접근할 수 있으며, 또한, 전 세계 개발자가 자발적으로 개발하여 공유하고 있는 풍부한 패키지(package)를[2] 통해 데이터 분석을 용이하게

---

1) R 공식 사이트에서는 R을 다음과 같이 정의하고 있다. "R is a freely available language and environment for statistical computing and graphics."(http://cran.r-project.org)

수행할 수 있고, 최신 기법을 사용할 수 있는 환경을 제공하고 있다.

1.2. R 다운로드 및 설치

R은 공식사이트(https://cran.r-project.org/)에서 다운로드 받을 수 있다. R 공식사이트 초기화면에서 사용하고자 하는 OS에 맞는 링크를 선택하여 R 설치 파일을 다운로드 받으면 된다. 다만, 윈도우즈 사용자는 "Download R for Windows" 링크 선택 후 "base" 링크를 선택하여 설치 파일을 다운로드하면 된다.

R 설치 및 실행 시 다른 OS는 주의점이 없으나, 윈도우즈 사용자는 반드시 관리자 권한으로 설치 및 실행해야 한다는 점을 유의해야한다. 이를 위해 반드시 윈도우즈 사용자는 첫째, R 설치 파일을 다운로드 사이트에서 반드시 자신의 컴퓨터에 다운로드 후 설치해야 한다. 즉, 다운로드 사이트에서 곧바로 실행하여 설치하지 않도록 조심해야 한다. 둘째, 다운로드 받은 설치 파일을 실행할 때 반드시 마우스 오른쪽 버튼을 클릭하여 단축메뉴에서 "관리자 권한으로 실행"을 선택해야 한다. 셋째, R 설치가 완료된 후 R을 실행할 때도 단축메뉴에서 "관리자 권한으로 실행"을 선택하여 실행해야 한다. 매번 R을 실행할 때마다 관리자 권한으로 실행하기가 번거롭다면 R 단축 아이콘에 마우스 포인터를 위치시킨 후 마우스 오른쪽 버튼을 클릭하여 단축메뉴에서 "속성"을 선택 한

---

2) 패키지란 특정 통계 기법, 특정 학문 분야에서 많이 사용되거나, 특정 목적을 수행하기 위해 특화된 함수들, 예제 및 도움이 되는 데이터들의 묶음을 말한다. 2017년 현재 약 12,000여개의 패키지를 R에서 사용가능하며 매년 몇 천개의 패키지가 추가되고 있다.

후 "바로가기" 탭에서 "고급" 버튼을 클릭하고 "고급 속성" 창에서 "관리자 권한으로 실행"을 선택해 두면 R을 실행할 때마다 관리자 권한으로 실행된다.

1.3. 기본 사용법

R을 실행하면 다음과 같이 명령 코드를 입력하고 그 실행 결과를 출력하는R 콘솔(console) 창이 나타난다. R 콘솔 창의 프롬프트(prompt) >에 기본적으로 하나의 라인의 명령 코드를 입력하고 엔터키를 누르면 그 다음 라인에 명령 코드를 연산한 결과가 출력된다.

```
R is free software and comes with ABSOLUTELY NO WARRANTY.
 -- 중략 --
'help.start()' for an HTML browser interface to help.
Type 'q()' to quit R.

>
```

다음은 산술연산 코드와 출력 결과의 예이다. # 이후의 "덧셈, 뺄셈" 등은 주석문이라 하여 명령 코드 수행에 영향을 미치지 않으며, 일반적으로 코드 설명을 위해 사용된다. 따라서 주석문이 필요 없다면 입력하지 않아도 된다. 프롬프트 다음 라인의 출력된 [1]은 출력된 결과의 데이터 구조가 벡터(vector)이며3), 바로 오른쪽 값이 벡터의 첫 번째 값임을 나타낸다.

```
> 2 + 2     #덧셈
[1] 4
> 2 - 1     #뺄셈
[1] 1
> 2 * 2     #곱셈
[1] 4
> 4/2       #나눗셈
[1] 2
> (3+2)^3 #거듭제곱
[1] 125
```

위와 같이 하나의 프롬프트 라인에 하나의 명령 코드를 입력하는 방식이 일반적이다. 그러나 하나의 명령 코드를 완성하지 않은 채 엔터키를 누르면 다음과 같이 그 다음 라인에 아직 명령 코드가 완성되지 않았다는 표시로 +가 나타나며, 명령 코드를 완성할 수 있는 값이나 부호를 입력하고 엔터키를 누르면 다음 라인에 연산 결과가 출력된다.

```
> 2 +
+ 2
[1] 4
> 4 -
+ 1
[1] 3
> (4 * 2
+ )
[1] 8
```

3) 데이터 구조 벡터에 대해서는 1.4절에서 설명하겠다.

또는 다음과 같이 하나의 프롬프트 라인에 여러 명령 코드를 입력하려면 각 명령 코드 뒤에 세미콜론 ;을 부착하여 입력하면 그 순서에 따라 연산 결과가 순차적으로 출력된다.

```
> 2 + 4; (4 * 2)^2
[1] 6
[1] 64
```

지금까지 프롬프트에 명령 코드를 입력하면 그 다음 라인에 그 연산 결과가 출력되었다. 이러한 방식의 입출력은 연산 결과를 화면에서 즉시 확인할 수 있다는 장점은 있으나, 화면에 출력된 연산 결과를 후속 연산에 활용할 수 없다는 단점이 있다. 그러나 변수를 이용하면 화면에서 연산 결과를 즉시 확인할 수 없으나, 연산 결과를 저장하여 후속 연산에 활용할 수 있다.

```
> x = 1 + 2
> x
[1] 3
> x <- 2 * 2
> x
[1] 4
> x <- x + 2
> x
[1] 6
```

위의 코드는 변수 x에 연산 결과를 다양한 방식으로 저장하고 후속 연산에서 활용한 예를 제시한 것이다. 변수 x는 = 또는 <- 왼쪽에 사용되어 오른쪽의 연산 결과를 저장한다. 변수 x에 저장된 값을 확인하려면 프롬프트에 변수명을 입력 후 엔터키를 누르면 된다. 만약 동일한 변수명 x가 새롭게 정의된다면 새롭게 저장된 값을 갖는다. 또한 변수 x가 = 또는 <- 양쪽에 사용되면 오른쪽에 사용된 x는 그 이전의 프롬프트에서 정의된 x의 값으로 연산되며 왼쪽에 사용된 x는 새롭게 연산된 결과를 저장한다.

변수명을 사용할 때는 다음의 원리에 따른다.

⑴ 변수명 구성원리
　　가. 영문자, 숫자, 마침표 조합 가능(예: height.1yr)
　　나. 반드시 영문자로 시작(예: 1height, .height 불가능)
　　다. 대소문자 구별(예: WT 와 wt는 다른 변수)

1.4. 벡터

R의 가장 기본적인 데이터 구조는 벡터(vector)로 데이터 값들을 순서대로 배열하여 하나의 데이터 구조체를 구성한다. 벡터를 생성하는 기본적인 방법은 다음과 같이 combine을 의미하는 함수[4] c의 논항에 벡터를 구성하는 일련의 데이터 값들을 순서대로 배열하면 된다. 또는 두 정수사이에 콜론을 삽입하여 두 정수사이의 모든 정수가 순차적으로 배열되는 벡터를 생성할 수 있다.

---

[4] 함수에 대해서는 1.5절에서 다루겠다.

```
> c(1, 3, 5, 7, 9)
[1] 1 3 5 7 9
> 1:22
 [1]  1  2  3  4  5  6  7  8  9 10 11 12 13 14 15 16 17 18 19
[20] 20 21 22
```

벡터는 데이터를 순서에 따라 배열하는 구조이므로 각 벡터에서 동일
순서의 데이터끼리 연산하여 출력한다. 다음 x + y의 두 벡터 연산에서
x의 첫 값 1과 y의 첫 값 2가 연산되어 3이 출력되며, 그 이후의 출력값
들 또한 두 벡터에서 동일 순서의 값들끼리 연산된다.

```
> x <- c(1, 3, 5, 7, 9)
> x
[1] 1 3 5 7 9
> y <- c(2, 4, 6, 8, 10)
> y
[1]  2  4  6  8 10
> x + y
[1]  3  7 11 15 19
```

그러나 위와 다르게 연산하고자 하는 두 벡터의 크기가 서로 차이가
있을 때는 유의할 필요가 있다. 다음 코드에서처럼 하나 이상의 원소를
갖는 벡터와 하나의 값이 연산될 때 벡터 각각의 값에 연산되어 결과가
출력되는 반면, 서로 크기가 다른 두 벡터의 연산에서는 큰 크기의 벡터
의 원소들이 모두 연산될 때까지 작은 크기의 벡터 원소들이 순차적으
로 번갈아 가며 연산된다.

```
> c(2, 4, 6) * 3
[1]  6 12 18
> c(2, 4, 6) * 1:6
[1]  2  8 18  8 20 36
```

두 벡터를 연결하기 위해서는 다음과 같이 c 함수를 사용하여 두 벡터를 연결하면 된다.

```
> x <- 1:3
> x
[1] 1 2 3
> y <- 4:6
> y
[1] 4 5 6
> c(x, y)
[1] 1 2 3 4 5 6
```

지금까지 제시된 벡터는 숫자로만 구성되어 있으나, 벡터는 숫자 외에도 문자열을 값으로 취할 수 있다. 데이터로서 문자열을 사용하기 위해서는 앞뒤에 인용부호로 표지한다. 다음과 같이 큰 인용부호 또는 작은 인용부호를 사용한다.

```
> x <- c("A", "B", "C")
> x
[1] "A" "B" "C"
> y <- c('a', 'b', 'c')
> y
[1] "a" "b" "c"
```

숫자 또한 인용부호를 표지하여 문자열로 사용될 수 있으며, 다음의 마지막 입력 코드와 같이 하나의 벡터에 하나의 문자열이라도 포함되면 그 벡터의 모든 숫자가 문자열로 변경된다.

```
> c(1, 2, 3)
[1] 1 2 3
> c("1", "2", "3")
[1] "1" "2" "3"
> c(1, 2, '3')
[1] "1" "2" "3"
```

1.5. 함수

1.4절에서 벡터를 만들기 위해 함수 c를 사용하였다. 함수는 특정 연산 및 기능을 수행하기 위한 코드이다. 함수 c는 입력된 데이터를 순서대로 배열하여 출력 결과로 벡터를 생성하는 기능을 수행한다. 함수의 형식은 함수명과 괄호 안의 논항으로 구성된다. 다음은 몇 가지 간단한 함수의 예이다.

```
> a <- 1:5
> a
[1] 1 2 3 4 5
> length(a)
[1] 5
> sum(a)
```

```
[1] 15
> mean(a)
[1] 3
> sum(a)/length(a)
[1] 3
```

1.6. 데이터프레임

데이터 구조 벡터는 1차원의 데이터 배열이라면 데이터프레임(data frame)은 행과 열로 구성되는 2차원의 데이터 배열이다. 다음은 데이터프레임을 생성하는 예제 코드이다. 동일 크기의 벡터 a, b, c를 이용하여 데이터프레임을 만들기 위해서는 함수 data.frame을 사용하며, 괄호 안의 논항 자리에 데이터프레임을 구성할 행명과 열명 벡터를 명시한다. 행명으로 사용할 벡터는 row.names 값으로 지정하며, 열명과 각 열에 삽입할 벡터를 다음과 같이 나열하면 변수 DATA에 데이터프레임이 저장된다.

```
> a <- c('홍길동', '홍길순', '홍길자')
> b <- c(80, 100, 70)
> c <- c(60, 50, 70)
> DATA <- data.frame(row.names=a, 국어=b, 영어=c)
> DATA
        국어 영어
홍길동   80   60
홍길순  100   50
홍길자   70   70
```

위와 같이 생성된 데이터프레임에 새로운 열을 추가하고 싶다면 다음과 같이 함수 data.frame의 논항에 생성된 데이터프레임과 추가할 열명과 벡터를 나열하면 된다.

```
> DATA <- data.frame(DATA, 평균=(b+c)/2, 합계=b+c)
> DATA
         국어   영어   평균   합계
홍길동    80     60     70    140
홍길순   100     50     75    150
홍길자    70     70     70    140
```

데이터프레임을 생성할 때 하나의 열은 하나의 벡터를 이용하여 만들기 때문에 '데이터프레임명$열명'을 사용하면 해당 열을 구성하는 벡터의 데이터를 확인할 수 있다. 즉, '데이터프레임명$열명'을 변수로서 사용할 수 있다. 또한 다음과 같이 함수 rownames, colnames의 논항에 데이터프레임을 명시하면 각각 해당 데이터프레임의 행명과 열명을 구성하고 있는 벡터를 출력 결과로 산출할 수 있다.

```
> DATA$국어
[1]  80 100  70
> DATA$영어
[1] 60 50 70
> rownames(DATA)
[1] "홍길동" "홍길순" "홍길자"
> colnames(DATA)
[1] "국어" "영어" "평균" "합계"
```

1.7. 함수 str

함수 str은 논항 데이터구조를 출력한다. 다음 코드에서 DATA$국어, rownames(DATA)와 같이 논항으로 입력된 데이터 구조가 벡터인 경우 벡터를 구성하는 데이터의 유형이 숫자인지 문자열인지에 따라 num 또는 chr이 가장 먼저 출력되며, 그 뒤에 [1:n] 형식으로 벡터의 크기가 n으로 표시된다.

```
> str(DATA$국어)
 num [1:3]  80 100 70
> str(rownames(DATA))
 chr [1:3] "홍길동" "홍길순" "홍길자"
> str(DATA)
'data.frame':   3 obs. of  4 variables:
 $ 국어: num  80 100 70
 $ 영어: num  60 50 70
 $ 평균: num  70 75 70
 $ 합계: num  140 150 140
```

반면 함수 str의 논항으로 DATA와 같은 데이터프레임이 입력되면 출력결과 상단에 행 수와 열 수와 함께 'data.frame'이 표시되며 그 아래에 열명이 $뒤에 표시된다.

1.8. 인덱스

벡터는 데이터 값들을 순서대로 배열한 데이터 구조이다. 따라서 벡터를 구성하는 원소들은 배열된 순서에 따라 고유한 순서값으로 지정되며, 이 순서값에 따라 각 값들이 검색되며 처리된다. 이러한 순서값을 인덱스(index)라 하며, 데이터프레임은 행과 열의 인덱스로 처리된다.

```
> DATA$국어
[1]  80 100  70
> DATA$국어[2]
[1] 100
> DATA$국어[c(1, 3)]
[1] 80 70
```

위와 같이 벡터를 나타내는 변수명 또는 데이터프레임의 열명 뒤에 대괄호 [ ] 안에 인덱스를 입력하면 해당 순서의 실제 벡터 원소값이 출력된다. 예를 들어 위의 예제 코드에서 벡터 DATA$국어를 구성하고 있는 세 원소는 배열 순서에 따라 앞에서부터 1, 2, 3의 인덱스로 지정되며, 벡터를 나타내는 변수명 뒤 대괄호 [ ]에 인덱스를 표시하면 해당 인덱스에 해당되는 실제 값이 출력된다.

반면에 데이터프레임의 인덱스는 대괄호 [ ]에 행과 열의 인덱스를 함께 명시해야한다. 다음의 예에서 DATA[1, 3]은 1행 3열을, DATA[c(1, 3), 3]은 1행과 3행의 3열을, DATA[c(1, 3), c(2, 4)]은 1행과 3행의 2열과 4열을 나타낸다. 또한 DATA[, c(2, 4)], DATA[c(1, 3),]과 같이 행 인덱스, 열 인덱스 자리를 비워두면 각각 행 전체, 열 전체를 출력하라는 의미로 사용할 수 있다.

```
> DATA
        국어 영어  평균 합계
홍길동   80   60   70  140
홍길순  100   50   75  150
홍길자   70   70   70  140
> DATA[1, 3]
[1] 70
> DATA[c(1, 3), 3]
[1] 70 70
> DATA[c(1, 3), c(2, 4)]
        영어 합계
홍길동   60  140
홍길자   70  140
> DATA[ , c(2, 4)]
        영어 합계
홍길동   60  140
홍길순   50  150
홍길자   70  140
> DATA[c(1, 3), ]
        국어 영어  평균 합계
홍길동   80   60   70  140
홍길자   70   70   70  140
```

1.9. 데이터 편집

벡터 또는 데이터프레임을 구성하는 데이터를 편집하는 기본적인 방법은 인덱스를 이용하는 것이다. 다음 코드는 1.6절의 데이터프레임 DATA

에서 DATA[, 1:2]의 코드를 사용하여 1열과 2열의 모든 행으로 구성된 데이터프레임을 추출하여 다시 변수 DATA에 저장한 것이다.

```
> DATA <- DATA[ , 1:2]
> DATA
        국어 영어
홍길동   80   60
홍길순   100   50
홍길자   70   70
```

위의 코드에서 인덱스를 이용하여 새롭게 구성된 데이터프레임 DATA 에 대해 데이터프레임을 구성하고 있는 열 벡터의 데이터를 편집하는 방식은 다음과 같다.

```
> DATA$영어[2] <- 70
> DATA
        국어 영어
홍길동   80   60
홍길순   100   70
홍길자   70   70
> DATA$영어[2:3] <- c(70, 80)
> DATA
        국어 영어
홍길동   80   60
홍길순   100   70
홍길자   70   80
> DATA[2:3, 1] <- c(70, 80)
> DATA
        국어 영어
```

```
홍길동    80    60
홍길순    70    70
홍길자    80    80
```

데이터프레임의 행명 또는 열명을 편집하려면 다음과 같이 코드를 사용할 수 있다.

```
> rownames(DATA)
[1] "홍길동" "홍길순" "홍길자"
> rownames(DATA)[1] <- "김갑동"
> rownames(DATA)[2:3] <- c("김철수", "김영희")
> DATA
         국어 영어
김갑동    80    60
김철수    70    70
김영희    80    80
```

1.10. 조건식

1.9절과 같이 대괄호 [ ] 내에 인덱스를 입력하여 데이터 구조의 접근도 가능하지만, 같다, 크다 등과 같은 비교연산자를 포함하는 조건식을 입력하여 조건식과 일치하는 데이터의 출력 또한 가능하다. 다음과 같이 벡터 DATA$영어와 데이터프레임 DATA의 대괄호 [ ] 내에 데이터의 출력 조건을 명시할 수 있다. DATA$영에[DATA$영어 > 60]은 벡터 DATA$영어의 데이터 중 60보다 큰 값만을 벡터로 출력하며, DATA [DATA

$영어 > 60,]은 데이터프레임의 열 DATA$영어 데이터 중 60보다 큰 조건을 만족하는 행과 이 행을 포함하는 모든 열을 데이터프레임으로 출력한다.

```
> DATA
       국어 영어
김갑동   80   60
김철수   70   70
김영희   80   80
> DATA$영어[DATA$영어 > 60]
[1] 70 80
> DATA[DATA$영어 > 60, ]
       국어 영어
김철수   70   70
김영희   80   80
```

또한 조건식에 and, or 등의 논리연산자를 포함할 수 있다. 다음 코드에서 논리연산자 and, 즉, &를 포함하는 DATA[DATA$국어 > 60 & DATA$영어 > 70,]는 국어 열의 값이 60보다 크면서, 동시에 영어 열의 값이 70보다 큰, 즉, 두 조건을 동시에 만족하는 행의 모든 열을 데이터프레임으로 출력한다. 반면 논리연산자 or, 즉, ㅣ를 포함하는 [DATA$국어 > 60 ㅣ DATA$영어 > 70,]는 두 조건 중 하나라도 만족하는 행의 모든 열을 데이터프레임으로 출력한다.

```
> DATA[DATA$국어 > 60 & DATA$영어 > 70, ]
       국어 영어
```

```
    김영희    80    80
  〉 DATA[DATA$국어 〉 60 | DATA$영어 〉 70, ]
         국어  영어
    김갑동    80    60
    김철수    70    70
    김영희    80    80
```

(2)와 (3)은 각각 비교연산자와 논리연산자와 그 의미이다.

(2) 비교연산자와 의미

　　가. A 〉 B　　　A가 B보다 크다.

　　나. A 〈 B　　　A가 B보다 작다.

　　다. A 〉= B　　　A가 B보다 크거나 같다.

　　라. A 〈= B　　　A가 B보다 작거나 같다.

　　마. A != B　　　A와 B의 값이 서로 같지 않다.

　　바. A == B　　　A와 B의 값이 서로 같다.

(3) 논리연산자와 의미

　　가. A & B　　　A와 B의 조건이 모두 참

　　나. A | B　　　A 또는 B의 조건 중 하나 이상이 참[5]

1.11. 벡터: 파일 입출력

R에서 텍스트 파일을 벡터 또는 데이터프레임으로 불러올 수 있다. [그림 1-1]은 예제 파일 01_data01.txt의 일부이다. 흔히 볼 수 있는 형태의 텍스트 파일이다. 1.11절에서는 예제 파일 01_data01.txt를 벡터로 불

---

5) or 연산자를 나타내는 | 는 키보드에서 Shift + ₩를 사용하면 된다.

러오고 저장하기, 이를 가공하여 데이터프레임으로 변환하여 저장하고 불러오기 작업을 소개하는 한편, 1장에서 소개된 기능들의 간단한 활용 사례들도 살펴보겠다.

[그림 1-1] 01_data01.txt의 일부분

What is R?

Introduction to R

R is a language and environment for statistical computing and graphics. It is a GNU project which is similar to the S language and environment which was developed at Bell Laboratories (formerly AT&T, now Lucent Technologies) by John Chambers and colleagues. R can be considered as a different implementation of S. There are some important differences, but much code written for S runs unaltered under R.

먼저 텍스트 파일을 불러오기 전에 R 콘솔 창 메뉴 [File – Change dir...]를 선택하여 "폴더 찾아보기" 창에서 불러올 파일이 저장되어 있는 폴더로 작업 폴더를 변경한다. 작업 폴더를 변경 후 예제 파일 "01_data01.txt"을 문자열 값으로 구성되는 벡터로 불러오는 코드는 다음 과 같다. 텍스트 파일을 벡터로 불러오기 위해서는 함수 scan을 사용한 다. 함수의 scan의 논항으로 file의 값으로 불러올 파일명을 명시하며, what의 값으로 "char"를 사용하면 문자열 벡터로 불러올 수 있다. 만약 숫자로 구성되는 벡터로 불러오고 싶다면 what = double( )을 사용하면 된다. 또한 quote = NULL을 명시하면 텍스트 파일에 포함된 인용부호를 문장부호로 불러올 수 있다. 이렇게 scan함수를 실행하면 그 다음 라인 에 불러온 벡터의 총 원소 수가 화면 출력된다. Read 486 items라는 메

시지는 총 486개 어휘 단위 벡터로 불러왔음을 의미한다.

```
> TEXT <- scan(file = "01_data01.txt", what = "char",
+ quote = NULL)
Read 486 items
```

파일을 성공적으로 불러왔다면 다음과 같이 함수 head 또는 tail을 사
용하여 불러온 벡터의 각각 처음 6개 원소, 마지막 6개 원소를 확인할
수 있다. 또한 두 함수의 두 번째 논항으로 숫자를 입력하면 제시되는
원소 개수를 지정할 수 있다.

```
> head(TEXT)
[1] "What"         "is"          "R?"
[4] "Introduction" "to"          "R"
> head(TEXT, 10)
[1] "What"         "is"          "R?"
[4] "Introduction" "to"          "R"
[7] "R"            "is"          "a"
[10] "language"
> tail(TEXT)
[1] "number"    "of"        "formats"   "and"
[5] "in"        "hardcopy."
> tail(TEXT, 10)
[1] "both"      "on-line"   "in"        "a"
[5] "number"    "of"        "formats"   "and"
[9] "in"        "hardcopy."
```

다음은 벡터 TEXT에 영어 관사를 조건식을 이용해 검색해 본 결과

이다. 조건식에 부합하는 원소들이 출력되며 조건식에 부합하는 원소가
없는 경우 character(0)가 출력된다. 또한 함수 length를 이용하여 조건식
에 부합하는 원소의 빈도를 계산할 수도 있다.

```
> TEXT[TEXT=="a"]
[1] "a" "a" "a" "a" "a" "a" "a" "a" "a" "a" "a" "a" "a"
> TEXT[TEXT=="an"]
[1] "an" "an" "an" "an" "an"
> TEXT[TEXT=="A"]
character(0)
> TEXT[TEXT=="An"]
character(0)
> TEXT[TEXT=="the"]
 [1] "the" "the" "the" "the" "the" "the" "the" "the" "the"
[10] "the" "the" "the" "the" "the"
> TEXT[TEXT=="The"]
[1] "The" "The" "The"
> length(TEXT[TEXT=="the"])
[1] 14
```

다음은 "an"과 "The"를 각각 "a"와 "the"로 수정하고, 관사 전체의 빈
도를 계산한 것이다.

```
> TEXT[TEXT=="an"] <- "a"
> TEXT[TEXT=="The"] <- "the"
> TEXT[TEXT=="a"|TEXT=="the"]
 [1] "a"   "a"   "the" "a"   "a"   "the" "the" "a"   "the"
[10] "the" "the" "the" "the" "the" "a"   "the" "a"   "a"
[19] "a"   "a"   "a"   "the" "a"   "a"   "the" "a"   "the"
```

```
[28] "the" "the" "a"   "a"   "the" "the" "a"   "a"
> length(TEXT[TEXT=="a"|TEXT=="the"])
[1] 35
```

이렇게 수정된 벡터를 텍스트 파일로 저장하기 위해서는 다음과 같이
함수 cat을 사용할 수 있다. 함수 cat의 첫 논항은 저장할 벡터명, 두 번
째 논항은 저장할 파일명, 세 번째 논항은 벡터의 원소 사이에 삽입할
구분자를 명시한다.

```
> cat(TEXT, file = "vector.txt", sep = "\n")
```

위의 코드에서 sep = "\n"은 구분자로서 엔터 문자를 삽입함을 의미한
다. 이렇게 구분자로 엔터 문자를 삽입하면 작업 폴더에 저장된
vector.txt 파일을 메모장과 같은 텍스트 파일 편집기로 열어 보면 [그림
1-2]와 같이 각 벡터 원소들이 라인 단위로 출력되어 있다.

[그림 1-2] vector.txt의 일부분

```
What
is
R?
Introduction
to
R
R
is
```

```
a
language
and
environment
for
statistical
computing
```

1.12. 벡터의 정렬

함수 sort를 이용하면 벡터의 원소를 정렬할 수 있다. 다음은 함수
sort를 이용하여 벡터 TEXT의 원소를 알파벳 오름차순으로 정렬한 것
을 함수 head와 tail을 이용하여 제시한 것이다.

```
> head(sort(TEXT), 10)
[1] "₩"environment₩""   "(easily)"
[3] "(formerly"          "(including"
[5] "(linear"            "...)"
[7] "a"                  "a"
[9] "a"                  "a"
> tail(sort(TEXT), 10)
[1] "wide"    "wide"    "Windows" "with"    "with"
[6] "with"    "within"  "write"   "written" "written"
```

함수 sort의 기본 정렬 방식은 알파벳 오름차순이나, 내림차순으로 정렬
하려면 다음과 같이 두 번째 논항으로 decreasing = T를 명시할 수 있다.

```
> head(sort(TEXT, decreasing = T), 10)
 [1] "written" "written" "write"   "within"  "with"
 [6] "with"    "with"    "Windows" "wide"    "wide"
> tail(sort(TEXT, decreasing = T), 10)
 [1] "a"                 "a"
 [3] "a"                 "a"
 [5] "…)"                "(linear"
 [7] "(including"        "(formerly"
 [9] "(easily)"          "\"environment\""
```

1.13. 빈도표

함수 table을 이용하면 벡터 원소의 타입(type)별 빈도표, 즉, 어휘별 빈도표를 만들 수 있다. 다음은 함수 table을 이용하여 생성한 벡터 TEXT의 타입별 빈도표를 함수 head와 tail을 이용하여 제시한 것이다. 함수 table에 의해 생성된 빈도표는 알파벳 오름차순으로 정렬되어 출력된다.

```
> head(table(TEXT), 10)
TEXT
"environment"   (easily)     (formerly
            1          1               1
  (including   (linear           …)
            1          1               1
           a      about      accretion
          18          1               1
   activity.
            1
```

```
> tail(table(TEXT), 10)
TEXT
well-developed,          What           where
            1              1               1
         which           wide          Windows
            7              3               1
          with          within          write
            3              1               1
        written
            2
```

빈도 내림차순으로 빈도표를 생성하려면 내림차순으로 함수 sort를 사용하면 된다.

```
> head(sort(table(TEXT), decreasing = T), 10)
TEXT
   and      a     of    the     is      R    for     to     in
    27     18     18     17     14     14      9      9      8
  which
      7
```

1.14. 빈도 데이터프레임

1.13절에서 생성한 빈도표를 빈도 데이터프레임으로 변환할 수 있다. 다음은 빈도 내림차순으로 정렬한 빈도표를 빈도 데이터프레임 Freq.Data 로 변환한 코드이다. 빈도표를 빈도 데이터프레임으로 변환하면 첫 열은

타입, 즉, 어휘가, 둘째 열은 각 타입의 빈도 값으로 구성된 데이터프레임이 생성된다.

```
> Freq.Data <- data.frame(sort(table(TEXT), decreasing=T))
> head(Freq.Data)
    TEXT Freq
1   and   27
2    a    18
3    of   18
4   the   17
5    is   14
6    R    14
```

위와 같이 첫 열을 구성하고 있는 타입을 행명으로 변환하고자 한다면 다음과 같이 데이터프레임을 새로 생성할 수 있다.

```
> Freq.Data <- data.frame(row.names=Freq.Data$TEXT,
+                          Freq=Freq.Data$Freq)
> head(Freq.Data)
      Freq
and    27
a      18
of     18
the    17
is     14
R      14
```

위와 같이 행명으로 어휘 타입을, 첫 열로 빈도 값을 갖는 데이터프레

임 Freq.Data에 상대빈도 열 Rel.Freq를 둘째 열로 추가하려면 다음과 코
드를 사용하면 된다.

```
> Freq.Data <- data.frame(Freq.Data,
+      Rel.Freq = Freq.Data$Freq/sum(Freq.Data$Freq))
> head(Freq.Data)
      Freq    Rel.Freq
and    27   0.05555556
a      18   0.03703704
of     18   0.03703704
the    17   0.03497942
is     14   0.02880658
R      14   0.02880658
```

만약 소수점 자릿수를 짧게 수정하려면 다음과 같이 함수 round와 그
둘째 논항으로 소수점 자릿수를 지정하여 데이터프레임을 구성하고 있
는 열의 데이터를 수정하면 된다.

```
> Freq.Data$Rel.Freq <- round(Freq.Data$Rel.Freq, 3)
> head(Freq.Data)
      Freq  Rel.Freq
and    27    0.056
a      18    0.037
of     18    0.037
the    17    0.035
is     14    0.029
R      14    0.029
```

1.15. 데이터프레임: 파일 입출력

1.14절의 빈도 데이터프레임 Freq.Data와 같은 데이터프레임을 텍스트 파일로 저장하려면 함수 write.table을 사용한다. 데이터프레임을 텍스트 파일로 저장하는 함수 write.table은 다음 코드와 같이 첫 논항으로 저장할 데이터프레임 변수명, 둘째 논항으로 저장할 파일명을 지정한다. 그 밖의 논항으로 문자열 표식의 인용부호를 제거하여 저장하기 위해 quote = F, 열 사이에 구분자로 탭 문자를 삽입하기 위해 sep = '\t', 출력된 행명을 독립된 열로 출력하기 위해 col.names = NA를 명시한다.

```
> write.table(Freq.Data, file= "Freq.txt",
+                quote = F, sep = "\t",
+                col.names = NA)
```

위의 코드로 출력된 텍스트 파일 Freq.txt은 작업 폴더에 저장되며, Freq.txt 파일을 텍스트 파일 편집기로 열어 보면 [그림 1-3]과 같이 데이터프레임의 행명과 각 열이 서로 식별 가능하도록 각 열 사이에는 탭 문자가 삽입된 것을 확인할 수 있다.

[그림 1-3] Freq.txt의 일부분

	Freq	Rel.Freq
and	27	0.056
a	18	0.037
of	18	0.037

```
the     17     0.035
is      14     0.029
R       14     0.029
for      9     0.019
to       9     0.019
```

[그림 1-3]과 같은 행과 열로 구성되어 있는 텍스트 파일은 데이터
프레임으로 불러올 수 있다. 이를 위해서는 함수 read.delim을 사용한
다. 다음은 [그림 1-3]의 Freq.txt 파일을 데이터프레임으로 불러오는
코드이다. 함수 read.delim의 첫 논항으로는 불러올 파일명을 명시하
며, 그 밖에 불러올 파일의 열 사이 구분자로 탭 문자가 사용되어 있
음을 나타내는 sep = '\t', 불러올 파일의 첫 행을 데이터프레임의 열
명으로 사용하겠다는 header = T, 불러올 파일의 첫 열을 데이터프레
임의 행명으로 사용하겠다는 row.names = 1, 불러올 파일의 인용부호
를 문장부호로 사용하겠다는 quote = NULL을 함수 read.delim의 논항
으로 명시한다. 함수 read.delim을 이용하여 파일 Freq.txt를 데이터프
레임으로 불러온 Data를 함수 head로 확인하면 행명과 두 열로 구성
된 데이터프레임을 출력할 수 있다.

```
> Data <- read.delim(file="Freq.txt",
+             sep="\t", header=T, row.names=1,
+             quote=NULL)
> head(Data)
      Freq Rel.Freq
and    27     0.056
a      18     0.037
```

of	18	0.037
the	17	0.035
is	14	0.029
R	14	0.029

## 제2장

기본 텍스트 처리

2.1. 영문 대소문자 변환

영문 문자열로 구성된 벡터는 함수 toupper와 함수 tolower를 사용하여 다음 코드와 같이 대문자 또는 소문자로 변환한 벡터로 출력할 수 있다. 함수 toupper는 벡터의 모든 문자열을 대문자로, 함수 tolower는 모든 문자열을 소문자로 변환한다. 영문 텍스트를 전처리할 때 대문자를 소문자로 변환하여 처리하는 것이 일반적이므로 함수 tolower를 많이 사용한다.

```
> a <- c("What", "is", "R?", "Introduction", "to", "R",
+ "R", "is", "a", "language")
> a
 [1] "What"          "is"            "R?"
 [4] "Introduction"  "to"            "R"
 [7] "R"             "is"            "a"
[10] "language"
> toupper(a)
 [1] "WHAT"          "IS"            "R?"
 [4] "INTRODUCTION"  "TO"            "R"
```

```
  [7] "R"              "IS"            "A"
 [10] "LANGUAGE"
 > tolower(a)
  [1] "what"           "is"            "r?"
  [4] "introduction" "to"             "r"
  [7] "r"              "is"            "a"
 [10] "language"
```

2.2. 문자열 길이

함수 nchar를 사용하면 문자열의 길이를 출력할 수 있다. 문자열을 원소로 하는 벡터를 함수 nchar의 논항으로 입력하면 벡터 원소 각각의 문자열 길이가 출력된다. 한글 문자열의 경우 음절문자와 독립된 자소문자가 각각 하나의 문자로 계산된다.

```
 > nchar("apple")
 [1] 5
 > nchar(c("I", "do", "not", "know", "I do not know"))
 [1]  1  2  3  4 13
 > nchar(c("ㄱ", "가", "각", "각ㄱ", "각가", "각각"))
 [1] 1 1 1 2 2 2
```

다음과 같이 함수 mean과 함수 nchar를 함께 사용하면 벡터를 구성하는 모든 원소에 대한 평균 문자열 길이를 계산할 수 있다. 이러한 코드를 응용하면 텍스트를 구성하는 평균 어휘 길이 또한 산출할 수 있다.

```
> a
 [1] "What"         "is"            "R?"
 [4] "Introduction" "to"            "R"
 [7] "R"            "is"            "a"
[10] "language"
> nchar(a)
 [1]  4  2  2 12  2  1  1  2  1  8
> mean(nchar(a))
[1] 3.5
```

2.3. 문자열 연결과 분리

다음 코드와 같이 함수 paste를 사용하면 논항으로 입력된 숫자 또는
문자열을 하나의 문자열로 연결하여 출력할 수 있다. 함수 paste의 기본
연결 구분자는 스페이스로 sep 값으로 스페이스로 명시한 것과 출력 결
과는 동일하다.

```
> paste(1, 2, 3, 4, 5)
[1] "1 2 3 4 5"
> paste("a", "b", "c", "d", "e")
[1] "a b c d e"
> paste("a", 1, 2, "d", 3)
[1] "a 1 2 d 3"
> paste("a", 1, 2, "d", 3, sep=" ")
[1] "a 1 2 d 3"
```

함수 paste의 sep 값으로는 스페이스 외에도 탭문자, 문장부호, 다양한 문자열을 사용할 수 있다. 다음은 함수 paste 논항을 다양한 문자열 구분자로 연결한 것이다.

```
> paste("a", 1, 2, "d", 3, sep="\t")
[1] "a\t1\t2\tdt\t3"
> paste("a", 1, 2, "d", 3, sep=";")
[1] "a;1;2;d;3"
> paste("a", 1, 2, "d", 3, sep="apple")
[1] "aapple1apple2appledapple3"
```

함수 paste의 논항으로 하나의 값을 사용한 출력 결과와 하나의 벡터로 사용한 출력 결과는 차이가 있다. 다음은 함수 paste 논항으로 하나의 벡터로 사용한 것이다. 논항으로 벡터가 아닌 하나의 값씩 여러 개 입력한 위의 코드는 하나의 문자열로 연결되어 출력되는 반면, 함수 paste의 논항으로 하나의 벡터를 입력하면 그 출력 결과가 하나의 문자열로 연결되지 않고 다음과 같이 서로 다른 문자열 원소로 출력된다.

```
> paste(c("a", "b", "c", "d", "e"))
[1] "a" "b" "c" "d" "e"
> paste(c(1, 2, 3, 4, 5))
[1] "1" "2" "3" "4" "5"
```

위의 두 예제 코드를 정리하면 함수 paste는 서로 다른 논항으로 입력된 문자열을 하나의 문자열로 연결하여 출력하는 반면, 하나의 논항으로 입력된 벡터의 원소는 서로 다른 문자열로 출력한다. 다음 코드는 이러한 특성을 확인할 수 있는 예제이다. paste("a", 1:5)는 두 논항으로 구성되며, 첫 논항은 하나의 값 "a", 둘째 논항은 1부터 5사이 정수의 벡터이다. 첫 논항의 하나의 값 "a"는 둘째 논항의 벡터 각각의 원소와 순차적으로 결합되어 문자열로 출력된다. paste("a", "b", 1:5)에서도 서로 다른 논항 "a", "b", 1:5는 하나씩 결합되어 출력되며, 논항이 두 벡터로 구성된 paste(c("a", "b"), 1:5)는 벡터의 연산 원리에 따라 서로 다른 논항의 원소끼리 결합되어 출력된다.

```
> paste("a", 1:5)
[1] "a 1" "a 2" "a 3" "a 4" "a 5"
> paste("a", "b", 1:5)
[1] "a b 1" "a b 2" "a b 3" "a b 4" "a b 5"
> paste(c("a", "b"), 1:5)
[1] "a 1" "b 2" "a 3" "b 4" "a 5"
```

반면 서로 다른 문자열로 출력되는 벡터의 원소는 collapse의 값을 이용하여 하나의 문자열로 연결하여 출력할 수 있다. 다음 코드에서 서로 다른 논항 값끼리는 sep 값으로 명시된 ":"으로 연결되지만, 서로 분리된 문자열로 출력되는 네 번째 논항 1:3은 collapse 값으로 명시된 ";"으로 연결되어 출력된다.

```
> paste("a", "b", "c", 1:3, collapse=";", sep=":")
[1] "a:b:c:1;a:b:c:2;a:b:c:3"
```

함수 paste의 사용법이 어찌 보면 복잡해 보이나, 그 활용법은 다양하다. 여러 활용법 중 텍스트 분석에서 가장 많이 사용하는 기능은 N-gram을 만드는 것이다. 다음은 바이그램(bi-gram)과 트라이그램(tri-gram)을 함수 paste를 이용해 만드는 예제 코드이다.

```
> paste(a[1:(length(a)-1)], a[2:length(a)], sep=" ")
[1] "What is"          "is R?"            "R? Introduction"
[4] "Introduction to" "to R"             "R R"
[7] "R is"             "is a"             "a language"
> paste(a[1:(length(a)-2)], a[2:(length(a)-1)],
+ a[3:length(a)], sep=" ")
[1] "What is R?"           "is R? Introduction"
[3] "R? Introduction to" "Introduction to R"
[5] "to R R"               "R R is"
[7] "R is a"               "is a language"
```

이상과 같이 하나의 문자열로 연결할 수 있다면, 반대로 문자열을 분리할 수도 있다. 다음과 같이 함수 unlist와 함수 strsplit을 함께 사용하면서 strsplit 함수의 둘째 논항으로 문자열을 분리할 구분 문자를 명시하면 첫 논항의 문자열을 분리할 수 있다.

```
> b <- c("하나 둘 셋", "넷 다섯 여섯")
> unlist(strsplit(b, " "))
[1] "하나" "둘"   "셋"   "넷"   "다섯" "여섯"
```

2.4. 문자열 찾기 및 찾아바꾸기

텍스트 처리 작업의 많은 부분은 문자열 찾기와 찾아바꾸기에 의해 수행된다. 다음은 함수 grep를 이용하여 부분 문자열을 검색한 예제 코드이다.

```
> a <- c("the first", "the second", "the third")
> a
[1] "the first"  "the second" "the third"
> grep("the", a)
[1] 1 2 3
> grep("seco", a)
[1] 2
> grep("seco", a, value=T)
[1] "the second"
```

기본적으로 함수 grep의 첫 논항으로 검색 문자열, 둘째 논항으로 검색 대상 벡터를 입력한다. 그 출력 결과로는 검색 문자열이 포함된 벡터의 인덱스 값이 출력되나, grep("seco", a, value=T)와 같이 value = T를 명시하면 검색 문자열이 포함된 벡터의 실제 원소가 출력된다.

한편, 함수 gsub를 사용하면 찾아바꾸기한 결과를 출력할 수 있으며, 함수 grepl을 사용하면 검색 문자열이 있는 경우 TRUE, 없는 경우 FALSE가 출력된다.

```
> gsub("the", "a", a)
[1] "a first"  "a second" "a third"
> grepl('ir', a)
[1] TRUE FALSE  TRUE
```

2.5. 정규표현

2.4절에서 소개한 함수 grep, gsub, grepl은 문자열 검색과 관련한 기능을 수행하는 한편, 특정 유형의 문자열을 나타내는 정규표현(regular expression)을 이용한 검색을 수행할 수 있어 편리하다. 정규표현 "^"는 문자열 시작을, "$"는 문자열 끝을 나타내며 다음 코드는 함수 grep에서 이러한 정규표현을 사용한 예제이다.

```
> a
[1] "the first"  "the second" "the third"
> grep("^t", a, value=T)
[1] "the first"  "the second" "the third"
> grep("d$", a, value=T)
[1] "the second" "the third"
> grep("^T", a, value=T, ignore.case=T)
[1] "the first"  "the second" "the third"
```

grep("^T", a, value=T, ignore.case=T)는 ignore.case = T에 의해 검색 문자열의 대소문자를 구분하지 않고 문자열 시작이 대문자 "T" 또는 소문자 "t"를 포함하는 모든 문자열을 검색한다.

정규표현이 적용되는 함수에는 or 연산자 "|"를 이용하여 여러 문자열 유형을 한꺼번에 검색할 수 있다. 다음은 or 연산자 "|"를 이용하여 영어 굴절어미를 제거한 예이다.

```
> b <- c("walk", "walked", "walks", "walking")
> gsub("ed$|s$|s$|ing$", "", b)
[1] "walk" "walk" "walk" "walk"
```

정규표현에서 "*"는 선행 문자가 0회 또는 1회 이상 반복을, "+"는 선행 문자가 1회 이상 반복을, "?"는 선행 문자가 0회 또는 1회를 나타낸다. 다음은 이러한 반복 관련 정규표현의 예제 코드와 출력 결과이다.

```
> a <- c("ac", "abc", "abbc", "abbbc", "abbbbc")
> grep("ab*c", a, value=T)
[1] "ac"     "abc"    "abbc"   "abbbc"  "abbbbc"
> grep("ab+c", a, value=T)
[1] "abc"    "abbc"   "abbbc"  "abbbbc"
> grep("ab?c", a, value=T)
[1] "ac"   "abc"
```

또한 다음과 같이 "."는 그 위치에 "\n"을 제외한 어떤 문자이든지 자리할 수 있음을 나타낸다.

```
> grep("ab.c", a, value=T)
[1] "abbc"
> grep("ab..c", a, value=T)
[1] "abbbc"
```

　반복 및 자릿수 관련 정규표현을 함께 사용하면 다음과 같이 공통적인 접두사와 접미사를 포함하는 문자열을 검색할 수 있다.

```
> a <- c("uneasy", "unexpected", "unbiased", "uned")
> grep("un.*ed", a, value=T)
[1] "unexpected" "unbiased"   "uned"
> grep("un.?ed", a, value=T)
[1] "uned"
> grep("un.+ed", a, value=T)
[1] "unexpected" "unbiased"
```

　정규표현에서 "[ ]"는 검색 문자 목록을 나타낸다. 다음 코드에서 grep("[k대]", a, value=T)는 grep("k|대", a, value=T)와 동일하다. 또한 "[ ]"내에 "-"이 포함되면 그 사이의 모든 문자 목록을 의미한다. 따라서 grep("[a-zA-Z]", a, value=T)는 영문 문자 목록을 포함하는 문자열을, grep("[가-힣]", a, value=T)는 한글 음절 문자 목록을 포함하는 문자열을 grep("[ㄱ-ㅎ]", a, value=T)는 한글 자음 문자 목록을 포함하는 문자열을 검색한다.

```
> a <- c("Korea", "korea", "KOREA", "대학교", "ㄹ수록")
> grep("[k대]", a, value=T)
[1] "korea" "대학교"
> grep("[a-z]", a, value=T)
[1] "Korea" "korea"
> grep("[a-zA-Z]", a, value=T)
[1] "Korea" "korea" "KOREA"
> grep("[가-힣]", a, value=T)
[1] "대학교" "ㄹ수록"
> grep("[ㄱ-ㅎ]", a, value=T)
```

```
[1] "ㄹ수록"
> grep("[^가-힣]", a, value=T)
[1] "Korea"  "korea"  "KOREA"  "ㄹ수록"
> grep("[^A-Za-z]", a, value=T)
[1] "대학교"  "ㄹ수록"
```

위의 마지막 두 코드 처럼 "[ ]" 내 첫 문자로 "^"가 제시되면 문자열
시작의 의미가 아니라, "[ ]" 내에 제시되지 않은 문자를 포함하는 모든
문자열을 검색한다. 따라서 grep("[^A-Za-z]", a, value=T)는 영문자가 아
닌 문자열 검색을 나타낸다.

다음은 공백문자, 자연어문자, 숫자문자, 문장부호를 나타내는 정규표
현을 이용한 검색 예제 코드이다. "[[:space:]]"는 스페이스, 탭 문자 "\t",
엔터 문자 "\n" 등을, "[[:alpha:]]"는 영문자, 한글, 한자 등을, "[[:digit:]]"는
숫자문자를, "[[:alnum:]]"는 영문자, 한글, 한자, 숫자문자를, "[[:punct:]]"는
키보드상 입력 가능한 문장부호를 나타낸다.

```
> a <- c("apple", "orange", " ", "\t", "\n", ";",
+ "123", "123 apple")
> grep("[[:space:]]", a, value=T)
[1] " "          "\t"        "\n"        "123 apple"
> grep("[[:alpha:]]", a, value=T)
[1] "apple"      "orange"    "123 apple"
> grep("[[:digit:]]", a, value=T)
[1] "123"        "123 apple"
> grep("[[:alnum:]]", a, value=T)
[1] "apple"      "orange"    "123"       "123 apple"
> grep("[[:punct:]]", a, value=T)
[1] ";"
```

마지막으로 "\\b"를 이용하면 어휘 경계에서 사용된 문자열을 검색할 수 있다. 일반적으로 문서 편집기에서 문자열을 검색하면 다음과 같이 검색 문자열을 포함하는 모든 문자열이 검색된다.

```
> a <- c("motor car", "car", "cartoon", "bicarbonate",
+ " car", "carWn", "123car", "!car.")
> grep("car", a, value=T)
[1] "motor car"     "car"           "cartoon"
[4] "bicarbonate"   " car"          "carWn"
[7] "123car"        "!car."
```

그러나 어휘 경계 정규표현 "\\b"를 사용하면 다음과 같이 이 부호 위치가 문자열 시작, 문자열 끝이거나 공백문자, 문장부호 옆이라면 검색된다.

```
> grep("WWbcar", a, value=T)
[1] "motor car" "car"         "cartoon"     " car"
[5] "carWn"     "!car."
> grep("carWWb", a, value=T)
[1] "motor car" "car"         " car"        "carWn"
[5] "123car"    "!car."
> grep("WWbcarWWb", a, value=T)
[1] "motor car" "car"         " car"        "carWn"
[5] "!car."
```

2.6. 영문 텍스트 처리 예제

2.6절에서는 간단한 영문 텍스트 처리 예제를 통해 2.1절부터 2.5절까지 다루었던 함수와 기능들의 실전적인 활용법을 살펴보고자 한다. 2.6절에서 사용할 예제 파일 02_data01.txt은 케이크 레시피 몇 개를 모아놓은 텍스트로 [그림 2-1]과 같은 일반적인 형태의 텍스트 파일이다.

[그림 2-1] 02_data01.txt의 일부분

> Preheat oven to 325 degrees F with a rack in the center. Line jumbo muffin pans with paper baking cups; set aside. In a medium bowl, sift together flour, baking powder, salt, and baking soda; set aside. In the bowl of an electric mixer fitted with the paddle attachment, beat butter and sugar on medium speed until light and fluffy, 3 to 5 minutes. With mixer running, add eggs and vanilla extract; beat until combined.

먼저 변수명 TEXT에 02_data01.txt를 어휘 단위 벡터로 다음과 같이 불러온 후 함수 head와 tail을 이용하여 불러온 파일의 앞뒤 부분을 확인해 보도록 하자.

```
> TEXT <- scan(file="02_data01.txt",
+                    what="char", quote=NULL)
Read 938 items
> head(TEXT, 20)
 [1] "Preheat" "oven"    "to"    "325"    "degrees"
 [6] "F"       "with"    "a"     "rack"   "in"
```

```
[11] "the"       "center."  "Line"     "jumbo"    "muffin"
[16] "pans"      "with"     "paper"    "baking"   "cups;"
> tail(TEXT, 20)
 [1] "reserved"        "domed"         "layer"
 [4] "on"              "top"           "of"
 [7] "cake."           "Spoon"         "whipped"
[10] "cream"           "over"          "top,"
[13] "and"             "sprinkle"      "with"
[16] "berries;"        "dust"          "with"
[19] "confectioners'"  "sugar."
```

일반적으로 고려되는 영문 텍스트 전처리 작업은 다음과 같다.6)

(1) 영문 텍스트 전처리 작업

　　가. 대문자의 소문자 변환

　　나. 문장부호 및 숫자문자 제거

　　다. 명사류와 소유격 's 분리, I'm, you're 등 축약형의 분리

　　라. 대부분의 텍스트에서 두루 고빈도로 나타나 제보적 가치가 약
　　　　하다고 간주되는 "a, the, in" 등의 기능어 및 "say, people 등의
　　　　내용어로 구성된 불용어 목록(stop word) 목록 제거

위 영문 텍스트 전처리 작업 중 2.6절에서는 (1-가) 대문자의 소문자 변
환과 (1-나)의 작업 중 일부 문장부호만을 제거하며, 나머지 작업을 수행
하지 않는다. 이는 텍스트마다 고려되어야 할 전처리 작업의 차이가 있음
을 제시하기 위함이다. 이러한 필요성은 2.6절과 2.7절에서 제시할 것이다.

　일반적인 영문 텍스트 전처리 작업에서는 (1-나)와 같이 텍스트에 포

---

6) 이 밖에도 전산학적 텍스트 분석에서는 "am, are" 등으로부터 "be"의 기본형을 복원하는
　레마타이징(lemmatizing) 등의 전처리를 하기도 한다.

함된 모든 문장부호와 숫자문자를 제거하곤 한다. 그러나 때로는 문장부
호와 숫자문자가 텍스트 분석에서 중요한 가치를 가질 때가 있다. 다음
정규표현은 세 문자 연쇄가 자연어문자/숫자문자, 문장부호, 자연어문자/
숫자문자로 구성되어 있는 문자열의 검색이다.

```
> grep("[[:alnum:]][[:punct:]][[:alnum:]]", TEXT,
+ value=T)
 [1] "1/2"              "jellied-citrus" "1/8"
 [4] "3/4-"              "2-inch"          "gum-paste"
 [7] "jellied-citrus" "3/4-"            "1/4-inch"
[10] "8-inch"           "6-ounce"         "microwave-safe"
[13] "three-quarters" "8-inch"          "1/2"
[16] "1/2"              "2-inch"          "dome-side"
[19] "1/2"
```

일반적으로 문장부호와 숫자문자를 일괄적으로 제거하기 마련이지만,
2.6절의 예제 텍스트, 즉, 케이크 레시피 텍스트에서 이러한 문자들은 중
요한 가치를 갖는 것으로 보인다.

그러나 케이크 레시피 텍스트에서 모든 문장부호를 보존할 필요는 없
어 보인다. 다음 코드는 문자열 시작 또는 끝의 문장부호가 나타나는 경
우, 그리고 문자열 시작 끝에 두 개의 문장부호가 연속된 경우이다. 이
러한 문장부호는 제거하는 것이 텍스트 분석에서 도움이 될 것이다.

```
> head(grep("^[[:punct:]]", TEXT, value=T))
[1] "(if"  "(Or"  "(or,"
> head(grep("[[:punct:]]$", TEXT, value=T))
```

```
[1] "center," "cups;"    "aside,"  "bowl,"   "flour,"
[6] "powder,"
> grep("[[:punct:]][[:punct:]]$", TEXT, value=T)
[1] "foil),"      "water.)"      "completed),"
```

이러한 특성을 고려하여 케이크 레시피 텍스트에 대한 전처리를 다음
과 같이 문자열 시작 또는 끝에 위치한 문장부호만을 제거하고, 대문자
를 소문자로 변환하도록 하자. 다음 코드에서 "^[[:punct:]]+|[[:punct:]]+
$"은 문자열 시작 또는 끝이 하나 이상의 문장부호 연쇄를 의미하는 정규
표현이다. 이 정규표현에 해당되는 문장부호만 예제 텍스트에서 제거된다.

```
> TEXT <- gsub("^[[:punct:]]+|[[:punct:]]+$",
+                "", TEXT)
> TEXT <- tolower(TEXT)
```

2.7. 워드클라우드

2.7절에서는 글자 크기를 통해 어휘의 빈도를 시각화하여 텍스트에 분
포하는 키워드를 시각적으로 분석하는 통계 기법 워드클라우드(word
cloud)를 다룬다. 이를 위해서는 wordcloud 패키지(package)를7) 활용해야

---

7) 패키지란 특정 통계 기법(빈도자료, 회귀분석 등), 특정 학문 분야(심리학, 생물공학, 코퍼
스처리, 자연언어처리, 담화분석 등)에서 많이 사용되거나, 특정 목적(텍스트 분석, 그래프
등)을 수행하기 위해 특화된 함수, 예제 및 도움이 되는 데이터들의 묶음을 말한다. R을
처음 설치할 때는 일반적으로 많이 사용되는 기본 함수만 설치되며, 패키지를 설치하면

한다.

wordcloud 패키지는 R 설치 시 기본 설치되지 않으므로 별도로 설치해야 한다. 다음과 같이 함수 install.packages의 논항으로 인용부호 내부에 wordcloud 패키지명을 명시하면 wordcloud 패키지를 설치할 수 있다.

```
> install.packages("wordcloud")
```

위 코드를 실행하면 HTTPS Cran mirror 창이 생성되며, 이 창에서 패키지를 다운로드 받을 서버를 선택하면 wordcloud 패키지가 설치된다.[8]

워드클라우드를 생성하기 전에 분석할 빈도 데이터프레임을 만들어야 한다. 다음 코드는 2.6절에서 전처리한 예제 벡터 TEXT에 나타난 어휘별 빈도 내림차순 데이터프레임을 만들고, 고빈도 6개 어휘와 그 빈도를 제시한 것이다.

```
> TEXT.Freq <- data.frame(sort(table(TEXT), decreasing=T))
> head(TEXT.Freq)
   TEXT Freq
1   and   34
2  with   32
3     a   30
4    to   30
5    in   24
6   the   22
```

패키지에서 제공하는 함수 및 데이터를 사용할 수 있다.
8) 패키지는 한 번만 설치하면 된다.

위의 데이터프레임 TEXT.Freq의 고빈도 어휘는 모두 기능어이다. 그러나 2.6절의 (1-라)에서 제시한 것처럼 일반적인 영문 텍스트 처리 과정에서 이러한 기능어들은 불용어 목록이라 하여 대부분의 텍스트에서 두루 고빈도로 나타나 제보적 가치가 약하다고 간주되어 제거되곤 하는 것들이다. 2.7절에서는 이러한 기능어 또한 텍스트 분석에서 종종 중요한 가치가 있음을 제시하기 위해 제거하지 않겠다.

위와 같이 어휘별 빈도 데이터프레임이 준비되어 있다면, 워드클라우드를 생성할 수 있다. 다음은 워드클라우드 패키지를 불러오는 명령 코드이다.

```
> library(wordcloud)
```

위와 같이 함수 library를 사용하면 논항으로 명시한 패키지를 불러올 수 있고, 해당 패키지에 포함된 함수를 사용할 수 있다.

함수 wordcloud를 다음과 같이 사용하면 워드클라우드를 생성할 수 있다. 함수 wordcloud의 첫 논항은 어휘 열을, 둘째 논항은 빈도 열을 명시하며, 그 밖에 scale을 통해 워드클라우드에 출력될 최대 및 최소 글자 크기의 범위를, min.freq를 통해 출력될 최소 빈도를, max.words를 통해 최대 출력 어휘수를, random.order = F를[9] 통해 고빈도 어휘를 중앙에 배치를, rot.per를 통해 세로로 출력할 어휘 비율을, colors를 통해 출력 색상을 지정할 수 있다.

---

9) random.order = T로 명시하면 워드클라우드에 출력되는 어휘는 빈도에 상관없이 무작위로 배치된다.

```
> wordcloud(TEXT.Freq$TEXT, TEXT.Freq$Freq,
+           scale=c(3, 0.8), min.freq=2, max.words=90,
+           random.order=F, rot.per=0.4,
+           colors = brewer.pal(8,"Dark2"))
```

위의 코드에서 colors의 값으로 사용된 함수 brewer.pal을 통해 색상수와 색상표명을 지정할 수 있다. 이 함수의 사용 형식은 brewer.pal(색상수, "색상표명")이며, 최소 색상수는 3이다. 다음은 함수 brewer.pal에서 사용가능한 색상표명 및 최대 색상수이다.

[표 2-1] 색상표명 및 최대 색상수

색상표명	최대 색상수
Accent	8
Dark2	8
Paired	12
Pastel1	9
Pastel2	8
Set1	9
Set2	8
Set3	12

[그림 2-2]는 이상의 코드를 통해 생성된 데이터프레임 TEXT.Freq의 워드클라우드이다. [그림 2-2]를 통해 2.6절에서 전처리한 케이크 레시피 텍스트 02_data01.txt의 특성을 시각적으로 파악할 수 있다. 중앙에는 고빈도 어휘가, 바깥쪽으로 갈수록 점차 저빈도의 어휘가 배치되어 있다. 워드클라우드 [그림 2-2]의 주요 내용어를 살펴보면, "cake, minutes, baking, butter, mixture, bowl" 등이 제시되어 있으며 이를 통해 케이크

레시피 텍스트의 특성을 쉽게 파악할 수 있다.

[그림 2-2] TEXT.Freq의 워드클라우드

또한 일반적인 영문 텍스트 전처리 작업에서 제거되곤 하는 고빈도의
기능어, "350, 30"과 같은 숫자문자들이 포함되어 있으며, 문장부호를 일
괄적으로 제거했더라면 왜곡되어 제시되었을 "1/2"도 포함되어 있다. 물
론 이러한 어휘 및 문자열이 텍스트 분석에서 유의미한 정보를 제시하
지 않을 수도 있지만, 때로는 텍스트 분석에서 가치를 가질 때가 있다.
이에 대해서는 2.8절에서 제시하겠다.

2.8. N-gram

다음은 2.6절에서 전처리한 케이크 레시피 벡터 TEXT의 어휘를 함수 paste를 이용하여 바이그램으로 만들고, 함수 data.frame과 함수 table을 이용하여 빈도 데이터프레임 Bigrams.Freq을 생성한 코드이다. 함수 head를 이용하여 빈도 데이터프레임 Bigrams.Freq의 앞부분 바이그램을 보면 2.7절의 워드클라우드에서 볼 때 의미가 불명확해 보였던 숫자문자 와 문장부호의 의미가 보다 분명해졌음을 알 수 있다.

```
> Bigrams <- paste(TEXT[1:(length(TEXT)-1)],
+             TEXT[2:length(TEXT)], sep=" ")
> head(Bigrams)
[1] "preheat oven" "oven to"      "to 325"
[4] "325 degrees"  "degrees f"    "f with"
> Bigrams.Freq <- data.frame(table(Bigrams))
> head(Bigrams.Freq)
            Bigrams    Freq
1            1 cup      3
2          1 minute    1
3             1 to     1
4           1/2 cup    3
5          1/2 inch    1
6   1/4-inch pastry    1
```

바이그램을 워드클라우드로 생성한 코드는 다음과 같다.

```
〉 wordcloud(Bigrams.Freq$Bigrams, Bigrams.Freq$Freq,
+         scale=c(3, 1), min.freq=3,
+         random.order=F, rot.per=0.3,
+         colors = brewer.pal(8,"Dark2"))
```

[그림 2-3] Bigrams.Freq의 바이그램 워드클라우드

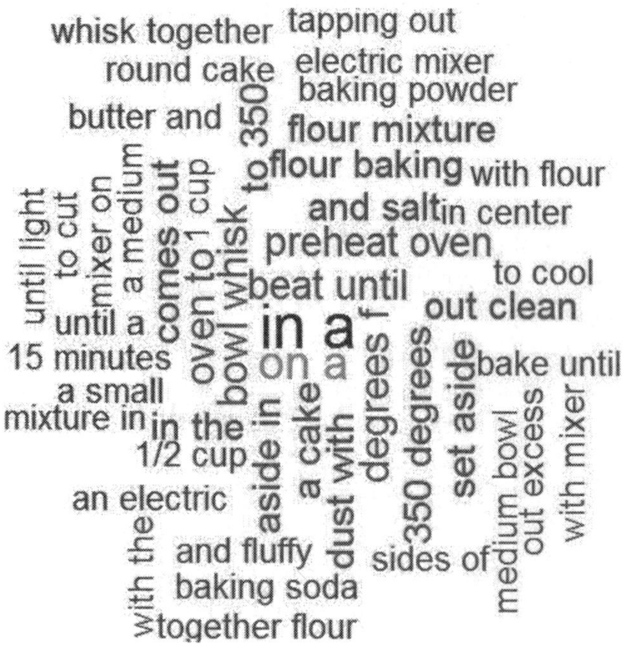

바이그램 워드클라우드 [그림 2-3]을 보면 '350 degrees'의 숫자문자, '1/2 cup'의 문장부호, 'beat until, bake until'에서 기능어 'until'이 텍스트 분석에서 중요한 가치가 있음을 알 수 있다. 만약 영문 텍스트에 대한 관례적인 전처리 작업에 대한 이러한 어휘 또는 문자들을 제거했더라면 이러한 정보를 발견할 기회를 놓쳤을 것이다.

 이러한 특성은 세 어휘의 연쇄 트라이그램에서 더 명확하게 발견할 수 있다. 다음은 트라이그램 벡터 Trigrams와 트라이그램 빈도 데이터프 레임 Trigrams.Freq을 만들고, 함수 wordcloud를 이용하여 워드클라우드 를 생성하는 코드이다.

```
〉 Trigrams 〈- paste(TEXT[1:(length(TEXT)-2)],
+ TEXT[2:(length(TEXT)-1)],
+ TEXT[3:length(TEXT)], sep=" ")
〉 head(Trigrams)
[1] "preheat oven to" "oven to 325"    "to 325 degrees"
[4] "325 degrees f"   "degrees f with"  "f with a"
〉 Trigrams.Freq 〈- data.frame(table(Trigrams))
〉 head(Trigrams.Freq)
                Trigrams Freq
1            1 cup curd     1
2           1 cup lemon     1
3        1 cup reserved     1
4         1 minute stir    1
5                1 to 2    1
6 1/2 cup buttermilk       1
〉 wordcloud(Trigrams.Freq$Trigrams, Trigrams.Freq$Freq,
+           scale=c(1.5, 0.8), min.freq=2,
+           random.order=F, rot.per=0.3,
+           colors = brewer.pal(8,"Dark2"))
```

 이 코드에 의해 생성된 세 어휘의 연쇄 트라이그램에 대한 워드클라 우드 [그림 2-4]에는 2.7절의 유니그램(uni-gram)에 대한 워드클라우드 [그 림 2-2], 2.8절의 바이그램에 대한 워드클라우드 [그림 2-3]에 비해 보다 명확한 텍스트의 특성을 파악할 수 있다. 물론 'flour baking powder'와

같이 내용어로만 구성되어 있는 트라이그램도 있으나, 대부분의 것들은
영문 텍스트 전처리과정에서 제거되곤 하는 기능어가 포함되어 있다.

[그림 2-4] Trigrams.Freq의 트라이그램 워드클라우드

트라이그램에 대한 워드클라우드 [그림 2-4]에서 '350 degrees f, to 350
degrees, oven to 350' 등의 숫자문자, '1/2 cup sugar'의 문장부호, 'until
well combined, once or twice' 등에서 기능어 'until, or'이 텍스트 분석에
서 중요한 가치가 있음을 알 수 있다. 만약 문장부호, 숫자문자, 기능어
를 제거했더라면 이러한 트라이그램은 발견하지 못했을 것이다. 따라서
2.6절 (1)에서 제시한 일반적으로 고려되는 영문 텍스트 전처리 작업은

참고 사항일 뿐 관찰하고자 하는 텍스트의 특성에 따라 전처리 작업을 고려할 필요가 있다.

2.9. 한국어 코퍼스 처리 예제

2.6절부터 2.8절까지 최소한의 문장부호를 제거하고 영문 텍스트를 분석하는 예를 살펴보았다. 영문 텍스트의 경우 때로는 2.6절 (1)의 다양한 전처리 작업이 필요하기도 하나, 2.6절부터 2.8절까지와 같이 최소한의 전처리를 한 원문 텍스트를 이용해도 텍스트 분석이 가능하다. 그러나 한국어 텍스트의 경우 한국어의 형태론적 복잡성으로 인해 원문 텍스트를 직접 이용하기에는 어려움이 있다. 예를 들어, '기쁘다'의 빈도를 산출하기 위해서는 '기쁘다, 기뻤다, 기뻐서, 기쁜' 등과 같이 '기쁘다'와 관련된 다양한 형태의 어절을 하나의 어형으로 처리해야 한다. 그러나 이러한 작업은 쉽지 않으므로 한국어 원문 텍스트를 직접 이용하는 것보다 형태소 분석되어 있는 텍스트 또는 코퍼스를 사용하는 것이 일반적이다.

2.9절에서는 세종 형태분석 코퍼스를 처리하는 예제를 다룬다. R에서 세종 형태분석 코퍼스를 다루기 위해서는 코퍼스의 형식을 살펴볼 필요가 있다. [그림 2-5]는 세종 형태분석 코퍼스의 헤더(header)로서 < > 내에 TEI[10] 태그를 사용하여 텍스트에 대한 출처 등의 식별 정보를 비롯

---

10) TEI는 Text Encoding Initiative(www.tei-c.org)의 약자로 디지털 형태의 텍스트를 표현하기 위한 표준안을 개발하고 유지하는 콘소시엄이다. 일반적으로 코퍼스는 TEI에서 제시하고 있는 지침에 따라 구축되고 있다.

하여 구축 기관, 구축 과정 등의 코퍼스 구축과 관련한 정보를 제시하고
있다. 이러한 헤더는 코퍼스 파일의 전반부에 배치되어 있으며, 헤더 뒤
에 텍스트 분석에 필요한 텍스트 본문 및 형태소분석 정보 등의 바디
(body)가 제시되어 있다.

[그림 2-5] 세종 형태분석 코퍼스의 헤더 예

```
〈!DOCTYPE tei.2  SYSTEM "c:₩sgml₩dtd₩tei2.dtd" [
〈!ENTITY % TEI.corpus "INCLUDE"〉
〈!ENTITY % TEI.extensions.ent SYSTEM "sejong1.ent"〉
〈!ENTITY % TEI.extensions.dtd SYSTEM "sejong1.dtd"〉 ]〉
〈tei.2〉
〈teiHeader〉
〈fileDesc〉
  〈titleStmt〉
    〈title〉식물들의 사생활〈/title〉
    〈author〉이승우〈/author〉
    〈sponsor〉국립국어원〈/sponsor〉
    〈respStmt〉
```

[그림 2-6] 세종 형태분석 코퍼스의 바디 예

```
9BTEO0075-0000710    더    더/MAG
9BTEO0075-0000720    나아가지는    나아가/VV + 지/EC + 는/JX
9BTEO0075-0000730    않았다.    않/VX + 았/EP + 다/EF + ./SF
〈/p〉
〈p〉
9BTEO0075-0000740    나는    나/NP + 는/JX
9BTEO0075-0000750    운전석에    운전석/NNG + 에/JKB
9BTEO0075-0000760    앉아    앉/VV + 아/EC
9BTEO0075-0000770    있었고,    있/VX + 었/EP + 고/EC + ,/SP
```

[그림 2-6]은 세종 형태분석 코퍼스의 바디로서 문단 경계를 나타내는 <p> 태그를 비롯하여 하나의 라인에 어절 번호, 원어절, 형태소 분석 정보가 제시되어 있다. 2.9절에서는 바디에 제시되어 있는 형태소별 빈도를 추출하는 방법을 살펴보겠다.

다음은 세종 형태분석 코퍼스 예제 파일 02_data02.txt을 변수명 TEXT로 불러오는 코드이다. sep = "\n"은 엔터키를 구분자로 하여 파일의 라인단위를 하나의 문자열로 불러오며, encoding = "UTF-8"은 불러오는 파일이 유니코드 utf-8로 작성된 문서임을 의미한다.

```
> TEXT <- scan(file = "02_data02.txt",
+                what = "char", quote = NULL, sep = "\n",
+                encoding = "UTF-8")
Read 50488 items
```

함수 head와 tail을 이용하여 불러온 파일의 앞부분과 뒷부분을 확인해보면 세종 형태분석 코퍼스의 헤더와 바디를 확인할 수 있다. 코퍼스 파일의 각 라인은 벡터의 원소를 구성하며, 헤더 부분은 TEI 태그로, 바디 부분은 태그 및 본문 라인으로 구성되어 있다.

```
> head(TEXT)
[1] "<!DOCTYPE tei.2  SYSTEM \"c:\\sgml\\dtd\\tei2.dtd\""
[2] "<!ENTITY % TEI.corpus \"INCLUDE\">"
[3] "<!ENTITY % TEI.extensions.ent SYSTEM \"sejong1.ent
[4] "<!ENTITY % TEI.extensions.dtd SYSTEM \"sejong1.dtd
[5] "<tei.2>"
```

```
[6]  " ⟨teiHeader⟩"
⟩ tail(TEXT, 10)
[1]  "⟨p⟩"
[2]  "9BTEO0075-0491680₩t2000년₩t2000/SN + 년/NNB"
[3]  "9BTEO0075-0491690₩t가을₩t가을/NNG"
[4]  "⟨/p⟩"
[5]  "⟨p⟩"
[6]  "9BTEO0075-0491700₩t이승우₩t이승우/NNP"
[7]  "⟨/p⟩"
[8]  "⟨/body⟩"
[9]  "⟨/text⟩"
[10] "⟨/tei.2⟩"
```

　2.9절에서는 본문 라인의 형태소 분석 부분만을 추출하여 형태소별 빈
도 데이터프레임을 생성할 것이다. 이를 위해 본문 라인의 특성을 파악
할 필요가 있다. 본문 라인은 "9BT"로 시작하며 "어절번호\t원어절\t형태
소분석부분"의 형식으로 구성되어 있으며, 형태소 분석 부분은 형태소
사이에 "+"가 삽입되어 있다. 이러한 단서를 토대로 본문 라인과 형태
소 분석 부분을 추출하고, 형태소별 빈도 데이터프레임을 만들어 보자.
　먼저 함수 grep를 이용하여 벡터 TEXT 중에서 "9BT"로 시작하는 문
자열 원소를 추출하면 본문 라인만을 추출할 수 있다. Body[5:10]을 입력
하면 본문 라인으로만 구성되어 있는 변수 Body를 확인할 수 있다.

```
⟩ Body ⟨- grep("^9BT", TEXT, value=T)
⟩ Body[5:10]
[1]  "9BTEO0075-0000050₩t왜₩t왜/MAG"
[2]  "9BTEO0075-0000060₩t웃어요?₩t웃/VV + 어요/EF + ?/SF"
[3]  "9BTEO0075-0000070₩t하고,₩t하/VV + 고/EC + ,/SP"
```

```
[4] "9BTEO0075-0000080₩t은색의₩t은색/NNG + 의/JKG"
[5] "9BTEO0075-0000090₩t루즈를₩t루즈/NNG + 를/JKO"
[6] "9BTEO0075-0000100₩t입술에₩t입술/NNG + 에/JKB"
```

여기서 형태소 분석 부분만을 추출하기 위해 다음과 같이 함수 strsplit을 이용하여 탭 문자를 기준으로 본문 라인을 분리해 보자. 분리된 본문 라인의 벡터 Body.split을 살펴보면 형태소 분석 부분의 인덱스 값은 3, 6, 9, 12와 같이 3의 배수로 구성되어 있다.

```
> Body.split <- unlist(strsplit(Body, "₩t"))
> head(Body.split, 12)
 [1] "9BTEO0075-0000010"        "식물들의"
 [3] "식물/NNG + 들/XSN + 의/JKG"   "9BTEO0075-0000020"
 [5] "사생활"                    "사생활/NNG"
 [7] "9BTEO0075-0000030"        "이승우"
 [9] "이승우/NNP"                "9BTEO0075-0000040"
[11] "장편소설"                  "장편/NNG + 소설/NNG"
```

이러한 특성에 기반하여 다음과 같이 함수 seq를 이용하여 3씩 증가하는 정수로 배열된 벡터를 생성하면 형태소 분석 부분만을 추출할 수 있다. 형태소 분석 부분만으로 구성된 벡터 Mors에서 "[+]"을 기준으로 문자열을 분리하면 형태소 단위의 문자열로 구성된 벡터 Mors.split을 생성할 수 있다. "+"를 "[+]"와 같이 "[ ]" 안에 사용한 이유는 "+"가 정규표현에서 반복 메타 문자로서 사용되므로 문장부호로서 사용되었음을 나타내기 위함이다.

```
> Mors <- Body.split[seq(3, length(Body.split), by=3)]
> head(Mors)
[1] "식물/NNG + 들/XSN + 의/JKG"    "사생활/NNG"
[3] "이승우/NNP"                    "장편/NNG + 소설/NNG"
[5] "왜/MAG"                        "웃/VV + 어요/EF + ?/SF"
> Mors.split <- unlist(strsplit(Mors, " [+] "))
> head(Mors.split)
[1] "식물/NNG"   "들/XSN"    "의/JKG"    "사생활/NNG"
[5] "이승우/NNP" "장편/NNG"
```

이 중 텍스트 분석에서 빈번하게 관찰하는 일반명사를 추출하기 위해
서는 일반명사 분석 표지인 NNG를 포함하는 문자열만을 다음과 같이
함수 grep를 이용하여 추출하면 된다. 이 때 문자열 끝을 의미하는 "$"
를 포함하면 보다 정확한 추출을 할 수 있다.

```
> NNG <- Mors.split[grep("/NNG$", Mors.split)]
> head(NNG)
[1] "식물/NNG"   "사생활/NNG" "장편/NNG"   "소설/NNG"
[5] "은색/NNG"   "루즈/NNG"
```

마지막으로 다음과 같이 빈도표를 내림차순으로 정렬하고 데이터프레
임으로 만들면 빈도 내림차순의 일반명사 데이터프레임을 생성할 수 있
다. 고빈도 일반명사를 통해 예제 코퍼스는 가족 간의 사랑과 관련된 명
사가 많이 사용되었음을 관찰할 수 있다.

```
> NNG.Freq <- data.frame(sort(table(NNG), decreasing=T))
> head(NNG.Freq)
          NNG Freq
1      말/NNG  632
2      형/NNG  631
3  어머니/NNG  488
4    사람/NNG  358
5  아버지/NNG  296
6    사랑/NNG  293
```

제3장 기본 제어문 처리와 활용

3.1. 스크립트 활용

1장과 2장에서는 R 콘솔 창의 명령 프롬프트에 명령 코드를 하나씩 입력하여 그 출력 결과를 확인하였다. 그러나 코드 길이가 길어지면 이러한 입력 방식은 불편하기 마련이다. 스크립트 파일을 이용하면 코드 작성, 수정, 재사용을 편리하게 수행할 수 있다. R 콘솔 창 메뉴 [File – New script]를 선택하면 R 편집기(Editor) 창이 열리며, 여기에 [그림 3-1]의 코드를 입력해 보자.

[그림 3-1] R 스크립트 활용을 위한 예제 코드

```
total <- 0
for (num in 1:10)
{
total <- total + num
cat(num, '\t', total, '\n')
}
```

코드 입력 후 R 콘솔 창 메뉴 [File-Save]를 선택하여 저장할 스크립트 파일명을 지정하면 확장자 R의 스크립트 파일을 저장할 수 있다. 또한 R 콘솔 창 메뉴 [File-Open script]를 이용하면 기존에 사용되었던 스크립트 파일을 불러와서 포함된 코드들을 수정 및 재사용할 수 있다.

스크립트 파일을 실행하기 위해서는 첫 라인에 커서를 위치시키고 Ctrl + R 키를 누르면,[11] R 콘솔 창에 해당 라인의 명령 코드가 실행되며 커서는 그 다음 라인으로 이동한다. 또는 실행하고자 하는 몇 개의 코드 라인들을 블럭 설정하고 Ctrl + R 키를 누르면 블럭 설정된 모든 코드 라인들이 R 콘솔 창에서 실행된다.

3.2. for 반복 구문

for 반복 구문은 벡터의 모든 원소에 대해 동일한 명령을 반복하여 실행하는 제어문이다. 즉, for (변수명 in 벡터) {명령문}의 형식으로 사용되며 ( )안에 명시된 변수명에 벡터의 원소를 순차적으로 할당하여 { } 에 제시된 일련의 명령문을 동일하게 수행한 결과를 출력한다. for 구문의 특성을 이해하기 위해 for 반복 구문이 포함된 3.1절의 [그림 3-1]의 실행 결과인 다음 코드를 살펴보자.

```
> total <- 0
> for (num in 1:10)
+ {
+ total <- total + num
```

11) R Studio에서는 Ctrl + Enter, Mac OS에서는 Ctrl 키 대신 command 키를 사용하면 된다.

```
    + cat(num, 'Wt', total, 'Wn')
    + }
    1       1
    2       3
    3       6
    4       10
    5       15
    6       21
    7       28
    8       36
    9       45
    10      55
```

for 옆의 ( ) 안에 명시된 변수 num은 in 다음의 벡터 1:10의 원소를 순차적으로 할당받아 { }에 제시된 명령 코드에 따라 변수 total의 값에 num의 값을 순차적으로 더해가면서 for 반복 구문이 수행될 때마다 함수 cat의 논항으로 지정된 num과 total의 값을 화면 출력한다. 이에 따라 num의 값이 1일 때 total의 값이 1, num의 값이 2일 때 total의 값이 3, num의 값이 3일 때 total의 값이 6으로 화면 출력되며 for 구문이 반복되면서 최종적으로 total의 값은 벡터의 마지막 값 10까지 합산된 결과를 갖는다.

3.3. if 조건 구문

if 조건 구문은 조건에 따라 명령 구문을 수행하는 제어문이다. 사용 형식은 if (조건식 1) {명령문 1} else if (조건식 2) {명령문 2} else {명령문 3)으로 (조건식 1)을 만족한다면 {명령문 1}을 수행하고 if 구문을 종료, 그렇지 않다면 (조건식 2)에 대해 검사하고 이 조건을 만족한다면 {명령문 2}를 수행하고 if 구문 종료, 그렇지 않다면 {명령문 3}을 수행하고 if 구문을 종료한다. if 구문은 반드시 if로 시작하며, 그 다음의 조건식들은 else if로 제시되며, else if는 사용되지 않을 수도, 하나 이상 사용될 수 있다. 또한 else는 사용되지 않을 수도 있으며, 사용될 경우 반드시 마지막에 단 한번 사용될 수 있다.

　다음 코드는 for 구문 내에 if 조건 구문이 포함된 예제 코드이다. for 구문에 의해 변수 i는 1부터 10까지 순차적으로 할당받으면서 i의 값에 따라 그 값의 구간을 문자열로 화면 출력하는 코드이다. 여기서 if 조건 구문은 if, else if 오른쪽에 제시된 조건의 부합 여부에 따라 그 아래 { } 안에 명시된 명령 코드를 수행하게 된다. 만약 if, else if 오른쪽의 조건이 모두 불일치하다면 else 아래 명령 코드를 수행한다.

```
> for (i in 1:10)
+ {
+ if (i < 3)
+ {
+ cat(i, "은/는 3보다 작다.", '\n')
+ }
+ else if ( i )>= 3 & i <= 5)
+ {
+ cat(i, "은/는 3과 5사이이다.", '\n')
+ }
+ else
+ {
+ cat(i, "은/는 5보다 크다.", '\n')
```

```
+ }
+ }
1 은/는 3보다 작다.
2 은/는 3보다 작다.
3 은/는 3과 5사이이다.
4 은/는 3과 5사이이다.
5 은/는 3과 5사이이다.
6 은/는 5보다 크다.
7 은/는 5보다 크다.
8 은/는 5보다 크다.
9 은/는 5보다 크다.
10 은/는 5보다 크다.
```

3.4. Brown 코퍼스와 예제 폴더

예제 폴더 03_data는 Brown 코퍼스[12] 500개 파일 중 소설 장르 82개
파일이다. 파일명에 txt 확장자는 없으나 메모장 등의 텍스트 파일 편집
기에서 열어 볼 수 있는 텍스트 파일이다. 3장에서 다루는 Brown 코퍼
스는 [그림 3-2]와 같이 품사 분석되어 있으며, 각 어휘 뒤에 품사 표지
가 부착되어 있다.[13]

---

12) Brown 코퍼스는 1960년대 초 미국 Brown대학에서 구축한 세계 최초의 코퍼스로 미국
영어(문어)의 사용 특성을 반영하고 있다(Francis & Kučera 1964).
13) 자세한 품사 분석 표지의 의미는 다음의 Brown 코퍼스 매뉴얼 사이트를 참조.
http://clu.uni.no/icame/manuals/BROWN/INDEX.HTM

[그림 3-2] Brown 코퍼스의 예

There/ex were/bed thirty-eight/cd patients/nns on/in the/at bus/nn
the/at morning/nn I/ppss left/vbd for/in Hanover/np ,/, most/ap
of/in them/ppo disturbed/vbn and/cc hallucinating/vbg ./.
An/at interne/nn ,/, a/at nurse/nn and/cc two/cd attendants/nns
were/bed in/in charge/nn of/in us/ppo ./.

예제 폴더 03_data에 포함되어 있는 파일명에 따른 장르별 구성은 (1)과
같으며, 이러한 정보를 활용하면 파일명에 따라 장르를 구분할 수 있다.

(1) 예제 폴더 03_data의 파일명별 장르
　　가. cl01 ~ cl24 : mystery
　　나. cn01 ~ cn29 : adventure
　　다. cp01 ~ cp29 : romance

3.5. 여러 파일 불러오기

3.2절에서는 for 반복 구문을 이용하여 1부터 10까지 합산하는 코드를
제시하였다. 다음은 for 반복 구문을 활용하여 벡터의 원소를 하나의 벡
터로 결합하여 생성하는 코드이다.

```
> t <- vector( )
> for (i in c("a", "b", "c"))
+ {
+ t <- c(t, i)
+ cat(i, '\t', t, '\n')
```

```
+ }
a       a
b       a b
c       a b c
```

위의 첫 코드는 함수 vector를 이용하여 빈 벡터를 만들고, 이를 변수
t에 저장함을 의미한다. 즉, 변수 t는 아무 원소도 갖지 않은 벡터이다.
for 반복 구문이 반복될 때마다 변수 t는 c(t, i)에 의해 순차적으로 문자
열 "a", "b", "c"를 하나씩 결합하여 최종적으로 이 문자열 모두를 순서대
로 배열된 벡터를 생성한다. 이러한 원리를 이용하면 여러 개의 파일을
하나씩 불러와서 하나의 벡터로 만들 수 있다.

먼저 R 콘솔 메뉴 [File – Change dis...]을 이용하여 작업 폴더를 예제
폴더 03_data로 변경하자. 그런 다음 아래의 코드를 수행하면 예제 폴더
내 82개 파일의 모든 문자열로 구성된 벡터 TEXTS가 생성된다.

```
files.list <- list.files( )
> TEXTS <- vector( )
> for (i in files.list)
+ {
+ file <- scan(file=i, what="char", quote=NULL)
+ TEXTS <- c(TEXTS, file)
+ }
Read 2374 items
Read 2370 items
Read 2428 items
Read 2285 items
 ... 중략 ...
Read 2356 items
```

```
Read 2459 items
Read 2339 items
Read 2417 items
> head(TEXTS)
[1] "There/ex"        "were/bed"        "thirty-eight/cd"
[4] "patients/nns"    "on/in"           "the/at"
> tail(TEXTS)
[1] "``/``"           "I'm/ppss+bem"    "afraid/jj"
[4] "not/*"           "''/''"           "./."
> length(TEXTS)
[1] 196533
```

위의 코드에서 함수 list.files( )는 작업 폴더 내 파일명 목록을 벡터로
구성하는 함수이다. 따라서 이 함수의 결과를 할당받은 변수 files.list는
다음과 같이 예제 폴더 내 82개 모든 파일명으로 구성된 벡터가 된다.

```
> files.list
 [1] "cl01" "cl02" "cl03" "cl04" "cl05" "cl06" "cl07"
 [8] "cl08" "cl09" "cl10" "cl11" "cl12" "cl13" "cl14"
[15] "cl15" "cl16" "cl17" "cl18" "cl19" "cl20" "cl21"
[22] "cl22" "cl23" "cl24" "cn01" "cn02" "cn03" "cn04"
[29] "cn05" "cn06" "cn07" "cn08" "cn09" "cn10" "cn11"
[36] "cn12" "cn13" "cn14" "cn15" "cn16" "cn17" "cn18"
[43] "cn19" "cn20" "cn21" "cn22" "cn23" "cn24" "cn25"
[50] "cn26" "cn27" "cn28" "cn29" "cp01" "cp02" "cp03"
[57] "cp04" "cp05" "cp06" "cp07" "cp08" "cp09" "cp10"
[64] "cp11" "cp12" "cp13" "cp14" "cp15" "cp16" "cp17"
[71] "cp18" "cp19" "cp20" "cp21" "cp22" "cp23" "cp24"
[78] "cp25" "cp26" "cp27" "cp28" "cp29"
```

따라서 for 반복 구문에서 변수 i는 files.list의 파일명을 하나씩 할당받게 되며, 함수 scan을 통해 각 파일을 하나씩 불러오게 된다. for 구문이 반복될 때마다 불러온 각 파일의 문자열 벡터는 벡터 TEXTS에 순차적으로 추가되며, 최종적으로 196,533개의 어휘로 구성된 벡터 TEXTS가 생성된다.

3.6. 장르별 분류

3.5절에서는 for 반복 구문을 이용하여 여러 파일의 텍스트를 하나의 벡터로 생성하였다. 3.6절에서는 for 반복 구문과 if 조건 구문을 사용하여 장르별로 분류한 벡터를 생성해 보겠다. 다음은 이러한 작업을 위한 코드이다.

```
> files.list <- list.files( )
> Mystery <- vector( )
> Adventure <- vector( )
> Romance <- vector( )
> for (i in files.list)
+ {
+ file <- scan(file=i, what="char", quote=NULL)
+ if (grepl("cl", i)==T)
+ {Mystery <- c(Mystery, file)}
+ else if (grepl("cn", i)==T)
+ {Adventure <- c(Adventure, file)}
+ else
+ {Romance <- c(Romance, file)}
```

```
+ }
Read 2374 items
Read 2370 items
Read 2428 items
 ... 중략 ...
Read 2459 items
Read 2339 items
Read 2417 items
>
> length(Mystery)
[1] 57169
> length(Adventure)
[1] 69342
> length(Romance)
[1] 70022
```

위의 코드에서 변수 Mystery, Adventure, Romance는 각각 mystery 소
설, adventure 소설, romance 소설의 문자열 벡터를 저장하기 위한 변수
이다. if 조건 구문에서 파일명 문자열 값을 갖는 변수 i에 대해 함수
grepl을 이용하여 3.4절 (1)에서 제시된 장르별 파일명 코드를 포함하였
는지를 검사하여 각 장르에 해당하는 변수에 텍스트를 추가한다. 최종적
으로 변수 Mystery는 57,169개의 어휘를, Adventure는 69,342개의 어휘를,
Romance는 70,022개의 어휘를 갖는 벡터가 된다.

3.7. 행 단위 데이터프레임 생성

1장에서는 열 단위로 데이터프레임을 생성하는 법을 소개했다. 3.7절

에서는 행 단위로 데이터프레임을 만드는 법과 주의 사항에 다루겠다.
다음은 이에 대한 코드이다.

```
> Data <- data.frame(score=vector( ) , grade=vector( ))
> Data
[1] score grade
<0 rows> (or 0-length row.names)
```

위의 코드는 열명 score, grade만 포함된 빈 데이터프레임을 만드는
방법이다. 열명만 갖고 있는 빈 데이터프레임 Data에 대해 다음의 방식
을 사용하면 하나의 행씩 데이터프레임에 추가할 수 있다. 먼저 Data[1,]
에 대해 1행을 구성할 벡터를 할당하고, rownames(Data)[1]을 이용하여
1행의 행명을 할당할 수 있다. 이런 식으로 각 행과 행명을 구성하는 벡
터를 순차적으로 정의하면 행 단위로 데이터프레임을 만들 수 있다.

```
> Data[1,] <- c(90, "A")
> rownames(Data)[1] <- "Mon"
> Data
    score grade
Mon    90     A
> Data[2,] <- c(84, "B")
> rownames(Data)[2] <- "Tue"
> Data
    score grade
Mon    90     A
Tue    84     B
> Data[3,] <- c(82, "B")
> rownames(Data)[3] <- "Wed"
```

```
> Data
    score grade
Mon    90    A
Tue    84    B
Wed    82    B
```

　그러나 행 단위로 데이터프레임을 생성할 때 주의할 점은 각 행을 구성하는 벡터를 할당할 때 문자열과 수치가 함께 입력되면 다음과 같이 모두 문자열로 변경된다. 그리고 데이터프레임이 행 단위로 생성될 때 문자열이 포함되면, 기술 통계량을 제시하는 함수 summary는 벡터의 원소 개수만을 산출할 뿐, 통계적으로 의미가 있는 정보를 제시하지 못한다.

```
> str(Data)
'data.frame':    3 obs. of  2 variables:
 $ score: chr  "90" "84" "82"
 $ grade: chr  "A" "B" "B"
> summary(Data)
    score              grade
 Length:3           Length:3
 Class :character   Class :character
 Mode  :character   Mode  :character
```

　따라서 다음과 같이 수치로 구성된 열은 함수 as.numeric을 이용하여 수치 데이터로, 문자열로 구성된 열은 함수 as.factor를 이용하여 팩터(factor)로 변환시켜야 한다. 이러한 처리 후 함수 str을 이용하면 데이터프레임 Data의 score 열은 수치로, grade 열은 팩터로 변환이 되며, 함수 summary의 결과로 수치 열 score의 기술 통계량은 4분위수가, 팩터 열

grade는 팩터를 구성하는 수준(level) A와 B의 빈도가 산출된다.

```
〉 Data$score 〈- as.numeric(Data$score)
〉 Data$grade 〈- as.factor(Data$grade)
〉 str(Data)
'data.frame':   3 obs. of  2 variables:
 $ score: num  90 84 82
 $ grade: Factor w/ 2 levels "A","B": 1 2 2
〉 summary(Data)
      score        grade
 Min.   :82.00   A:1
 1st Qu.:83.00   B:2
 Median :84.00
 Mean   :85.33
 3rd Qu.:87.00
 Max.   :90.00
```

위의 코드에서 문자열을 팩터로 변환한 이유는 문자열은 통계적 의미를 가질 수 없기 때문이다. 팩터는 통계에서 명목 척도(nominal scale)로 처리되며, 문자열 벡터를 열 단위로 데이터프레임을 생성할 때는 자동적으로 팩터로 변환되나, 행 단위로 데이터프레임을 생성할 때는 위와 같이 인위적으로 팩터로 변환해야 한다.

3.8. 파일별 어휘 분포 데이터프레임 생성

3.7절에서 제시한 행 단위 데이터프레임 생성 방법을 토대로 3.8절에서는 파일별 어휘 분포 데이터프레임을 다루어 보겠다. 다음 코드는 for

구문을 반복하면서 파일을 하나씩 불러와 소문자로 변환하고, if 조건 구
문을 통해 파일명의 정보에 따라 변수 genre에 "Mystery", "Adventure",
"Romance"를 할당하여 데이터프레임 Articles에 파일별 장르 정보, the와
a의 상대빈도를 행 단위로 입력한 코드이다. 여기서 변수 n은 행 번호를
for 반복 구문을 통해 1씩 증가시키기 위해 사용되며, 파일별 the 또는
a/an의 상대빈도는 length(file[file=="the/at"]) /length(file) 등의 코드를 통
해 산출된다.

```
> files.list <- list.files( )
> Articles <- data.frame(Genre=vector( ),
+                 The=vector( ), A=vector( ))
> n = 0
> for (j in files.list)
+ {
+ file <- scan(file=j, what="char", quote=NULL)
+ n = n + 1
+ file <- tolower(file)
+ if (grepl("cl", j)==T)
+ {genre <- "Mystery"}
+ else if (grepl("cn", j)==T)
+ {genre <- "Adventure"}
+ else
+ {genre <- "Romance"}
+ Articles[n, ] <- c(genre,
+ length(file[file=="the/at"])/length(file),
+ length(file[file=="a/at"|file=="an/at"])/length(file))
+ rownames(Articles)[n] <- j
+ }
Read 2374 items
Read 2370 items
```

```
Read 2428 items
 ... 중략 ...
Read 2459 items
Read 2339 items
Read 2417 items
> head(Articles)
       Genre           The                    A
cl01 Mystery   0.033698399326032    0.0248525695029486
cl02 Mystery   0.0607594936708861   0.0308016877637131
cl03 Mystery   0.0551894563426689   0.0189456342668863
cl04 Mystery   0.0656455142231947   0.024507658643326
cl05 Mystery   0.0560944749051033   0.0210881484605652
cl06 Mystery   0.0681818181818182   0.0179195804195804
```

따라서 위의 코드를 실행하면 최종적으로 행명으로 파일명이, 열명으로 Genre, The, A이 생성되며, 각 열에는 파일별 장르, the와 a/an의 상대빈도로 구성된다.

그러나 행 단위로 데이터프레임을 생성할 때 문자열이 포함되어 있으므로 다음과 같이 팩터 또는 수치로 변환해 주어야 한다. 그런 다음 함수 summary로 데이터프레임의 기술 통계량을 확인하면 팩터 데이터의 열은 장르별 빈도가 수치 데이터의 열은 4분위수가 제시된다.

```
> Articles$Genre <- as.factor(Articles$Genre)
> Articles$The <- as.numeric(Articles$The)
> Articles$A <- as.numeric(Articles$A)
> summary(Articles)
       Genre           The                    A
Adventure:29   Min.   :0.02430    Min.   :0.01198
```

```
Mystery  :24   1st Qu. :0.03829   1st Qu.  :0.01931
Romance  :29   Median  :0.04721   Median  :0.02223
               Mean    :0.04889   Mean    :0.02266
               3rd Qu. :0.05852   3rd Qu. :0.02548
               Max.    :0.08025   Max.    :0.03479
```

3.9. 빈도 교차표

빈도 교차표를 만들기 위해서는 3.8절에서 제시한 파일별 어휘 분포 데이터프레임을 만드는 코드를 먼저 실행한다. 다만, 3.8절에서는 상대빈도를 산출하였으나, 빈도 교차표를 만들기 위해서는 length (file[file== "the/at"])와 length(file[file=="a/at"|file=="an/at"])를 이용하여 절대빈도를 산출해야 한다.

```
> files.list <- list.files( )
> Articles <- data.frame(Genre=vector( ),
+                 The=vector( ), A=vector( ))
> n = 0
> for (j in files.list)
+ {
+ file <- scan(file=j, what="char", quote=NULL)
+ n = n + 1
+ file <- tolower(file)
+ if (grepl("cl", j)==T)
+ {genre <- "Mystery"}
+ else if (grepl("cn", j)==T)
+ {genre <- "Adventure"}
```

```
+   else
+   {genre <- "Romance"}
+   Articles[n, ] <- c(genre,
+   length(file[file=="the/at"]),
+   length(file[file=="a/at"|file=="an/at"]))
+   rownames(Articles)[n] <- j
+   }
Read 2374 items
Read 2370 items
Read 2428 items
  ... 중략 ...
Read 2459 items
Read 2339 items
Read 2417 items
> Articles$Genre <- as.factor(Articles$Genre)
> Articles$The <- as.numeric(Articles$The)
> Articles$A <- as.numeric(Articles$A)
> head(Articles)
        Genre The  A
cl01 Mystery  80 59
cl02 Mystery 144 73
cl03 Mystery 134 46
cl04 Mystery 150 56
cl05 Mystery 133 50
cl06 Mystery 156 41
> summary(Articles)
      Genre         The               A
 Adventure:29  Min.   : 60.00   Min.   :28.00
 Mystery  :24  1st Qu.: 94.25   1st Qu.:46.00
 Romance  :29  Median :112.00   Median :53.00
               Mean   :116.67   Mean   :54.32
               3rd Qu.:141.00   3rd Qu.:62.00
               Max.   :191.00   Max.   :83.00
```

위와 같이 팩터 데이터의 Genre, 수치 데이터의 The와 A 열로 구성된 데이터프레임이 완성되면 다음의 코드를 이용하여 빈도 교차표를 생성할 수 있다.

```
> Cross.Art <- xtabs(cbind(The, A) ~ Genre, data=Articles)
> Cross.Art
     Genre   The    A
  Adventure  3777  1585
  Mystery    2816  1327
  Romance    2974  1542
```

xtabs는 빈도 교차표를 생성하는 함수로 논항에 R에서 공식(formula)라고 하는 형식으로 입력한다. data의 값으로는 빈도 교차표를 추출할 데이터프레임명을 지정하며, ~ 앞과 뒤에 각각 종속변수와 독립변수에 해당하는 열명을 명시하면 된다. 다만 위의 예에서 종속변수 위치에 두 개의 열명을 사용하였으므로 함수 cbind를 이용하여 두 개의 열을 결합한다.

3.8절에서 제시한 파일별 어휘 분포 데이터프레임 생성 방법과 3.9절에서 제시한 빈도 교차표 생성 방법을 토대로 4장에서는 코퍼스 연구에서 활용할 수 있는 통계 분석 방법을 소개하겠다.

통계 분석: 한국어 과거시제 형태소를 중심으로

4.1. 예제 파일

예제 폴더 04_data에는 세종 형태분석 코퍼스 중 60개 파일이며, utf-8 코드이다. (1)은 파일명에 따른 장르 정보이다.

(1) 예제 파일명별 장르 분류
   가. BTE~.txt : 책-소설 20개 파일
   나. BTG~.txt : 책-수필 20개 파일
   다. BTH~.txt : 책-정보 20개 파일

4장에서 통계 분석을 살펴보기 전에 먼저 R 콘솔 메뉴 [File - Change dis...]을 이용하여 작업 폴더를 예제 폴더 04_data로 변경하자.

4.2. t 검정과 Wilcoxon 검정

다음 코드는 예제 폴더 04_data의 60개 파일별 '었/EP', '았/EP'[14]의 상

대빈도를 추출한 것이다. 3장에서처럼 행 단위로 파일별 '었/EP', '았/EP'
의 분포를 나타내는 데이터프레임을 생성하였지만, 행 단위 입력 벡터에
문자열이 포함되어 있지 않으므로 이 경우에 수치데이터로 변환할 필요
는 없다.

```
> files.list <- list.files( )
> Data <- data.frame(었=vector( ), 았=vector( ))
> n <- 0
> for (i in files.list)
+ {
+ file <- scan(file=i, what="char", quote=NULL,
+              sep = '\n', encoding="UTF-8")
+ body <- grep("^9BT", file, value=T)
+ Mor <- unlist(strsplit(body, "\t"))
+ Mor <- Mor[seq(3, length(Mor), 3)]
+ Mor <- unlist(strsplit(Mor, " [+] "))
+ n <- n + 1
+ Data[n,] <- c(length(Mor[Mor=="었/EP"])/length(Mor),
+               length(Mor[Mor=="았/EP"])/length(Mor))
+ rownames(Data)[n] <- i
+ }
Read 83600 items
Read 66264 items
Read 49963 items
 ... 중략 ...
Read 74572 items
Read 46062 items
Read 44892 items
> head(Data)
```

---

14) 세종 형태분석 코퍼스에서 'EP'는 선어말어미 형태분석 표지이다. 자세한 내용은 김흥규
외(2007) 참조

```
                  었          았
BTEO0093.txt 0.019176498 0.013948647
BTEO0094.txt 0.007119775 0.006891056
BTEO0095.txt 0.019248404 0.014149732
BTEO0279.txt 0.022020725 0.015606467
BTEO0280.txt 0.020766882 0.012008119
BTEO0281.txt 0.021267894 0.008301788
> summary(Data)
        었                 았
 Min.   :0.001477   Min.   :0.001660
 1st Qu.:0.007003   1st Qu.:0.005894
 Median :0.015952   Median :0.011975
 Mean   :0.014595   Mean   :0.011148
 3rd Qu.:0.021926   3rd Qu.:0.015782
 Max.   :0.028582   Max.   :0.024860
```

위의 함수 summary에 의한 기술 통계량에서 평균값을 보면 '었/EP'는 0.014595로 '았/EP' 0.11148에 비해 높다. 즉, '었/EP'는 'ㅏ, ㅗ'가 아닌 용언의 어간 뒤나 '이다'의 어간 뒤에 결합되어 사용되므로 이러한 용언의 분포가 높다고 할 수 있다. 그런데 이러한 두 평균의 차이가 통계적으로 유의미한 차이가 있다고 할 수 있을까? 이러한 질문에 대한 답을 통계적으로 구할 수 있는 방법이 t 검정이다.

t 검정을 수행하기 전에 다음의 코드를 입력하여 함수 summary에 의해 출력되는 4분위수를 시각화한 상자 그림(box plot)을 만들어 보자. 함수 boxplot은 상자 그림을 생성하며, 논항에는 비교하고자 하는 수치 데이터 벡터를 names의 값을 통해 각 상자 그림의 표지를 출력할 수 있다.

```
> boxplot(Data$었, Data$았, names=c("었", "았"))
```

[그림 4-1]은 이 코드에 의해 생성된 상자 그림이다. 중앙값(median)은 가로 굵은 선으로, 1사분위수와 3사분위수는 중앙값 아래와 위의 상자로 표시되며, 가장 아래와 위의 가로 선은 각각 최소값과 최대값을 나타낸다. 이 상자 그림을 통해 '었/EP'는 '았/EP'에 비해 중앙값, 1사분위수, 3사분위수, 최대값 모두 높음을 알 수 있다.

[그림 4-1] '었/EP'와 '았/EP'의 상자그림

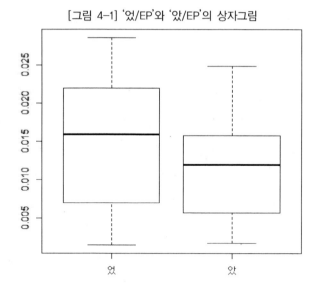

이러한 차이가 통계적으로 유의미한 차이인지를 검정하기 위해 t 검정을 수행한 코드와 통계 분석 결과는 다음과 같다. 함수 t.test의 논항에 평균을 비교하고자 하는 두 수치 벡터를 입력하면 두 평균을 비교하기 위한 t 검정을 실행할 수 있다.

```
> t.test(Data$었, Data$았)

        Welch Two Sample t-test

data: Data$었 and Data$았
t = 2.7267, df = 108.71, p-value = 0.007459
alternative hypothesis: true difference in means is not equal to 0
95 percent confidence interval:
 0.0009414062 0.0059524212
sample estimates:
 mean of x   mean of y
0.01459475 0.01114784
```

위의 t 검정 분석 결과를 보면, t 통계량, 표본 크기를 알 수 있는 자유도 df(degree of freedom), p-값이 제시되어 있다. p-값이 0.05보다 작으므로 두 평균의 차이는 통계적으로 유의미한 차이가 있다고 할 수 있다. 따라서 '었/EP'는 'ㅏ, ㅗ'가 아닌 용언의 어간 뒤나 '이다'의 어간 뒤에 결합되어 사용되므로 이러한 용언의 분포가 평균적으로 높다고 할 수 있다.

그런데 두 평균의 비교를 위한 t 검정을 위해서는 두 표본이 분산이 동일한지, 차이가 있는지를 검정해야 한다. 이를 위해서는 다음과 같이 함수 var.test를 사용한다. p-값이 0.05보다 작으므로 이분산이다.

```
> var.test(Data$었, Data$았)

        F test to compare two variances

data: Data$었 and Data$았
F = 1.8265, num df = 59, denom df = 59, p-value = 0.02221
```

alternative hypothesis: true ratio of variances is not equal to 1
95 percent confidence interval:
 1.091021 3.057825
sample estimates:
ratio of variances
         1.826514

var.test의 분석 결과에 따라 함수 t.test를 사용할 때 다음과 같이 논항에 var.equal의 값으로 T 또는 F를 명시한다. 등분산이라면 T를, 이분산이라면 F를 명시한다. 그런데 t.test의 기본값은 이분산이므로 이 절의 예제의 경우 var.equal=F를 명시할 필요는 없다.

```
〉 t.test(Data$었, Data$았, var.equal=F)

        Welch Two Sample t-test

data:  Data$었 and Data$았
t = 2.7267, df = 108.71, p-value = 0.007459
alternative hypothesis: true difference in means is not equal to 0
95 percent confidence interval:
 0.0009414062 0.0059524212
sample estimates:
 mean of x   mean of y
0.01459475 0.01114784

〉 t.test(Data$었, Data$았, var.equal=T)

        Two Sample t-test

data:  Data$었 and Data$았
```

```
t = 2.7267, df = 118, p-value = 0.007372
alternative hypothesis: true difference in means is not equal to 0
95 percent confidence interval:
 0.0009436255 0.0059502019
sample estimates:
 mean of x   mean of y
0.01459475 0.01114784
```

또한 t 검정을 수행하기 위한 통계적 가정은 두 표본이 모두 정규 분포이어야 한다. 정규 분포 검정은 Shapiro-Wilk 정규성 검정을 사용한다. 다음은 함수 shapiro.test를 이용하여 두 표본의 정규성을 검정한 것이다.

```
〉 shapiro.test(Data$었)

        Shapiro-Wilk normality test

data: Data$었
W = 0.92251, p-value = 0.0009697

〉 shapiro.test(Data$았)

        Shapiro-Wilk normality test

data: Data$았
W = 0.95075, p-value = 0.0169
```

그런데 두 표본의 정규성을 검정한 결과 p-값이 0.05보다 작으므로 비정규 분포이다. 이런 경우 두 표본의 평균을 비교하는 t 검정 대신 두 표본의 중앙값의 차이를 비교하는 Wilcoxon 검정을 수행해야 한다. 다음은 이에 대한 코드이다.

```
〉 wilcox.test(Data$었, Data$았)

         Wilcoxon rank sum test with continuity correction

data:  Data$었 and Data$았
W = 2298.5, p-value = 0.008953
alternative hypothesis: true location shift is not equal to 0
```

이 분석 결과 또한 p-값이 0.05보다 작으므로 두 표본의 중앙값이 통계적으로 유의미한 차이가 있다고 할 수 있다.

4.3. ANOVA와 Kruskal-Wallis 검정

4.2절에서는 수치 데이터로 구성된 두 표본의 평균과 중앙값을 비교하는 통계 기법을 소개했다면, 4.3절에서는 수치 데이터로 구성된 둘 이상 표본의 평균과 중앙값을 비교하는 통계 기법을 다룬다. 이를 위해 장르와 과거시제 형태소의 상대빈도로 구성된 데이터프레임을 다음과 같이 만들어 보자.

```
〉 files.list 〈- list.files()
〉 Data 〈- data.frame(장르=vector(), 과거=vector())
〉 n 〈- 0
```

```
> for (i in files.list)
+ {
+ file <- scan(file=i, what="char", quote=NULL,
+              sep = '\n', encoding="UTF-8")
+ body <- grep("^9BT", file, value=T)
+ Mor <- unlist(strsplit(body, "\t"))
+ Mor <- Mor[seq(3, length(Mor), 3)]
+ Mor <- unlist(strsplit(Mor, " [+] "))
+ if (grepl("BTE", i)==T)
+ {genre <- "소설"}
+ else if (grepl("BTG", i)==T)
+ {genre <- "수필"}
+ else
+ {genre <- "정보"}
+ n <- n + 1
+ Data[n,] <- c(genre,
+ length(Mor[Mor=="있/EP"|Mor=="았/EP"])/length(Mor))
+ rownames(Data)[n] <- i
+ }
Read 83600 items
Read 66264 items
Read 49963 items
   ... 중략 ...
Read 74572 items
Read 46062 items
Read 44892 items
> Data$장르 <- as.factor(Data$장르)
> Data$과거 <- as.numeric(Data$과거)
> head(Data)
                장르       과거
BTEO0093.txt 소설 0.03312514
BTEO0094.txt 소설 0.01401083
BTEO0095.txt 소설 0.03339814
BTEO0279.txt 소설 0.03762719
BTEO0280.txt 소설 0.03277500
```

```
BTEO0281.txt 소설 0.02956968
> summary(Data)
   장르          과거
 소설:20   Min.   :0.003308
 수필:20   1st Qu.:0.012930
 정보:20   Median :0.028133
           Mean   :0.025743
           3rd Qu.:0.038668
           Max.   :0.049203
```

위와 같이 데이터프레임 Data는 summary 함수를 통해 살펴보면 장르
는 장르별 빈도가, 과거는 과거시제 형태소의 4분위수 분포가 제시된다.
다음은 이러한 형태의 데이터프레임에 대한 상자그림을 만드는 코드이
다. 여기서는 R의 공식을 논항으로 제시하였다. 팩터인 독립변수 장르와
수치 데이터인 종속변수 과거에 대한 공식이다.

```
> boxplot(과거~장르, data=Data)
```

[그림 4-2]는 소설, 수필, 정보 장르에 분포하는 과거시제 형태소의 상
자 그림이며, 수필 > 소설 > 정보 순으로 과거시제 형태소의 분포가 높다.

[그림 4-2] 소설-수필-정보의 과거시제 상자그림

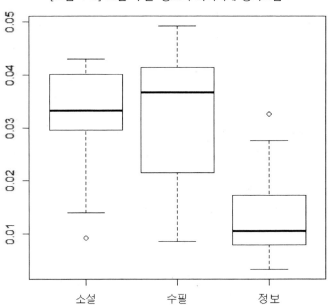

이렇게 독립변수는 둘 이상의 수준으로 구성되는 팩터이며, 종속변수가 수치로 구성될 때 평균의 차이를 통계적으로 검정하는 것이 일원 (one-way) ANOVA이다. 다음은 ANOVA를 위한 코드이다.

```
> summary(aov(과거~장르, data=Data))
            Df   Sum Sq   Mean Sq  F value   Pr(>F)
장르         2  0.005128  0.0025641   27.37   4.67e-09 ***
Residuals   57  0.005341  0.0000937
---
Signif. codes:  0 '***' 0.001 '**' 0.01 '*' 0.05 '.'
```

위의 분석 결과에서 p-값은 4.67e-09으로(e 다음 -09는 왼쪽으로 소수점을 9칸 이동을 의미하는 부동소수점) 0.05보다 작으므로 적어도 하나 이상의 장르에서 평균의 차이가 있다고 할 수 있다. ANOVA 분석 결과를 보고할 때는 p-값과 더불어 F(2, 57) = 27.37과 같이 통계량과 더불어 집단간 자유도 2, 집단내 자유도 57을 함께 기재한다.

그러나 ANOVA에 의해 판단할 수 있는 것은 적어도 하나 이상의 장르에서 평균의 차이가 있다고 할 수 있을 뿐, 어떤 장르에서 평균의 차이가 있는지 알 수 없다. 따라서 Tukey HSD 검정을 통해 장르별 차이를 검정해야 한다. 이에 대한 코드는 다음과 같다.

```
> TukeyHSD(aov(과거~장르, data=Data))
  Tukey multiple comparisons of means
    95% family-wise confidence level

Fit: aov(formula = 과거 ~ 장르, data = Data)

$`장르`
                 diff          lwr          upr       p adj
수필-소설 -0.001249632 -0.008615531  0.006116268  0.9123712
정보-소설 -0.020206583 -0.027572483 -0.012840684 0.0000000
정보-수필 -0.018956952 -0.026322851 -0.011591052 0.0000002
```

위의 결과에서 p-값이 0.05보다 작은 정보와 소설, 정보와 수필 사이에서 과거시제 형태소 사용 평균의 차이가 있다고 할 수 있다.

그런데 일원 ANOVA를 실행하기 위해서는 등분산 가정, 정규성 가정을 준수해야 한다. 이를 검정하는 코드는 다음과 같다.

```
> bartlett.test(과거~장르, data=Data)

        Bartlett test of homogeneity of variances

data: 과거 by 장르
Bartlett's K-squared = 4.3871, df = 2, p-value = 0.1115

> shapiro.test(residuals(lm(과거~장르, data=Data)))

        Shapiro-Wilk normality test

data: residuals(lm(과거~장르, data = Data))
W = 0.97032, p-value = 0.1513
```

등분산 검정은 함수 bartlett.test를 통해, 정규성 검정은 shapiro.test를 통해 확인할 수 있으며, 위의 분석 결과 모두 p-값이 0.05보다 크므로 등분산 및 정규성을 만족하므로 이 예제는 ANOVA로 분석할 수 있다.

만약 등분산 검정 또는 정규성 검정을 위반할 경우 ANOVA 대신 Kruska-Wallis 검정을 사용해야 하며, 이에 대한 코드는 다음과 같다.

```
> kruskal.test(과거~장르, data=Data)

        Kruskal-Wallis rank sum test

data: 과거 by 장르
Kruskal-Wallis chi-squared = 27.978, df = 2, p-value =
8.407e-07

> pairwise.wilcox.test(Data$과거, Data$장르)
```

```
            Pairwise comparisons using Wilcoxon rank sum test

   data:  Data$과거 and Data$장르

         소설     수필
   수필 0.93     -
   정보 2.5e-07 5.8e-06
```

함수 krusal.test의 분석 결과 p-값이 0.05보다 작으므로 적어도 하나 이상의 장르에서 중앙값의 차이가 있으며, 함수 pairwise.wilcox.test를 통해 소설과 정보, 수필과 정보 사이의 p-값이 작으므로 이들 장르 간의 과거시제 형태소 사용 중앙값 차이가 있음을 알 수 있다.

4.4. 카이제곱 검정

4.2절과 4.3절에서는 수치 데이터로 구성된 표본의 평균 또는 중앙값의 차이를 비교 분석하는 통계 기법에 대해 살펴보았다. 4.4절은 빈도 교차표의 차이를 비교 분석하는 카이제곱 검정에 대해 다룬다. 먼저 장르, '었/EP'과 '았/EP'의 절대빈도로 구성된 데이터프레임을 다음과 같이 만들어 보자.

```
> files.list <- list.files()
> Data <- data.frame(장르=vector(), 었=vector(),
+                    았=vector())
> n <- 0
```

```
> for (i in files.list)
+ {
+ file <- scan(file=i, what="char", quote=NULL,
+              sep = '\n', encoding="UTF-8")
+ body <- grep("^9BT", file, value=T)
+ Mor <- unlist(strsplit(body, "\t"))
+ Mor <- Mor[seq(3, length(Mor), 3)]
+ Mor <- unlist(strsplit(Mor, " [+] "))
+ if (grepl("BTE", i)==T)
+ {genre <- "소설"}
+ else if (grepl("BTG", i)==T)
+ {genre <- "수필"}
+ else
+ {genre <- "정보"}
+ n <- n + 1
+ Data[n,] <- c(genre,
+ length(Mor[Mor=="었/EP"]),
+ length(Mor[Mor=="았/EP"]))
+ rownames(Data)[n] <- i
+ }
Read 83600 items
Read 66264 items
Read 49963 items
   … 중략 …
Read 74572 items
Read 46062 items
Read 44892 items
> Data$장르 <- as.factor(Data$장르)
> Data$었 <- as.numeric(Data$었)
> Data$았 <- as.numeric(Data$았)
> head(Data)
              장르    었    았
BTEO0093.txt 소설 3316 2412
BTEO0094.txt 소설  965  934
BTEO0095.txt 소설 2099 1543
```

```
BTEO0279.txt 소설 2822 2000
BTEO0280.txt 소설 2435 1408
BTEO0281.txt 소설 2444  954
> summary(Data)
   장르           었              았
 소설:20  Min.   :  75.0  Min.   :  93.0
 수필:20  1st Qu.: 617.5  1st Qu.: 550.2
 정보:20  Median :1159.0  Median :  924.0
          Mean   :1391.3  Mean   :1019.1
          3rd Qu.:1812.0  3rd Qu.:1339.8
          Max.   :4035.0  Max.   :2568.0
```

그리고 데이터프레임 Data를 이용하여 다음과 같이 빈도 교차표를 만든다.

```
> a <- xtabs(cbind(었, 았)~장르, data=Data)
> head(a)

장르     었      았
소설   47490   31590
수필   19868   17022
정보   16119   12532
```

함수 chisq.test를 이용하여 빈도 교차표에 대한 카이제곱 검정을 실행할 수 있다. p-값이 0.05보다 작으므로 적어도 하나 이상의 장르와 과거 시제 형태소 사이의 교차표에서 빈도 차이가 있다고 할 수 있다.

```
> chisq.test(a)

        Pearson's Chi-squared test

data:  a
X-squared = 426.96, df = 2, p-value < 2.2e-16
```

그러나 이러한 카이제곱을 통해서는 어떤 장르와 어떤 과거 시제 사이의 분포가 어떻게 차이가 나는지를 확인할 수 없다. 이럴 때 유용한 분석이 연관성 그림(assosication plot)이다. 연관성 그림을 생성하는 코드는 다음과 같고, [그림 4-3]은 이 코드에 의해 생성된 연관성 그림이다.

```
> assocplot(a)
```

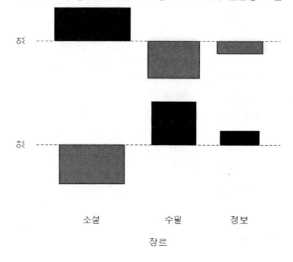

[그림 4-3] 장르와 과거시제 형태소 사이의 연관성 그림

[그림 4-3]의 연관성 그림에서 점선은 각 장르에 대해 각 과거시제 형태소가 갖는 기대빈도이며, 이를 기준으로 상향 막대는 더 많은 관찰 빈도를, 하향 막대는 적은 관찰 빈도를 나타낸다. 따라서 '었'은 소설에서 많은 분포를 '았'은 수필과 정보에서 많은 분포를 보이고 있음을 나타낸다.

4.5. 상관분석

다음은 파일별 타입-토큰 비율(TTR; Type-Token Raio)과 텍스트의 크기에 대한 정보로 구성된 데이터프레임을 추출하는 코드이다.

```
> files.list <- list.files()
> Data <- data.frame(TTR=numeric(), Text=numeric())
> n <- 0
> for (i in files.list)
+ {
+ file <- scan(file=i,
+ what="char", quote=NULL, sep = '\n', encoding="UTF-8")
+ body <- grep("^9BT", file, value=T)
+ Mor <- unlist(strsplit(body, "\t"))
+ Mor <- Mor[seq(3, length(Mor), 3)]
+ Mor <- unlist(strsplit(Mor, " [+] "))
+ n <- n + 1
+ Data[n,] <- c(length(unique(Mor))/length(Mor),
+               length(Mor))
+ rownames(Data)[n] <- i
+ }
Read 83600 items
Read 66264 items
```

```
Read 49963 items
 … 중략 …
Read 74572 items
Read 46062 items
Read 44892 items
> summary(Data)
      TTR                 Text
 Min.   :0.03817   Min.    : 33395
 1st Qu.:0.06324   1st Qu.: 54790
 Median :0.07427   Median :106926
 Mean   :0.07456   Mean    :101443
 3rd Qu.:0.08315   3rd Qu.:128567
 Max.   :0.12220   Max.    :315832
> head(Data)
                    TTR    Text
BTEO0093.txt 0.05535508 172920
BTEO0094.txt 0.06542815 135538
BTEO0095.txt 0.07697528 109048
BTEO0279.txt 0.07490324 128152
BTEO0280.txt 0.07408702 117254
BTEO0281.txt 0.05673759 114915
```

이러한 데이터프레임으로 산점도(scatter plot)을 만들기 위한 코드는 다
음과 같으며, [그림 4-4]는 이 코드를 이용하여 TTR과 텍스트 크기를
상관성을 시각적으로 관찰하기 위해 생성한 산점도이다.

```
> plot(Data)
```

[그림 4-4] TTR과 텍스트 크기 비교를 위한 산점도

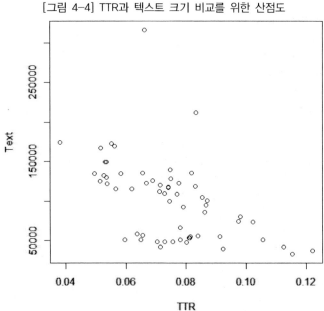

[그림 4-4]를 보면 TTR의 값이 클수록 텍스트 크기가 작아지는 상관성을 관찰할 수 있다. 이러한 상관성을 분석하기 위한 상관분석 실행 코드는 다음과 같다.

```
> cor.test(Data$TTR, Data$Text)

        Pearson's product-moment correlation

data:  Data$TTR and Data$Text
t = -4.6578, df = 58, p-value = 1.91e-05
alternative hypothesis: true correlation is not equal to 0
95 percent confidence interval:
 -0.6849357 -0.3087344
```

```
sample estimates:
        cor
 -0.5217559
```

이 분석 결과 상관계수 cor의 값이 음수이며 0.5보다 크므로 음의 강한 상관성을 보인다고 할 수 있다. 즉, TTR 값이 클수록, 텍스트 크기는 작고, TTR 값이 작을수록, 텍스트 크기는 큰 음의 상관성이 있다고 할 수 있다. 상관분석의 결과로 이 상관계수가 양수인 경우 양의 상관성을, 음수인 경우 음의 상관성을 보이는 것으로 판단할 수 있으며 상관계수의 절대값이 0.5보다 크면 높은 상관성을, 0.3보다 크면 중간 정도의 상관성을 보인다고 평가할 수 있다.

## 제5장

영어 시제 개요

5.1. 형태(Form)

영어에는 몇 개의 시제가 있을까? 2개, 3개, 12개? 모두 정답이다. 관점에 따라 정답이 달라지기 때문이다. 시간을 나누는 범주를 시제(tense)라고 하고, 시간은 과거, 현재, 미래로 나뉠 수 있기 때문에 어떤 언어도 이 세 개보다 많은 시제를 갖지 못한다. 그런데 왜 영어에서는 흔히 12시제가 존재한다고 하는 걸까? 학교 문법에서는 시제와 상(aspect = 동작·상태를 보는 관점)을 구분하지 않기 때문이다.

영어에서 상(aspect)은 단순형(simple), 완료형(perfect), 진행형(progressive 또는 continuous), 그리고 완료진행형(perfect progressive)으로 나뉘는데, 흔히 말하는 영어 동사의 12시제는 아래 표에서처럼 이 네 개의 상과 세 개의 시제를 조합한 것이다.

[표 5-1] 동사의 12시제

		상 aspect			
		단순 simple	완료 perfect	진행 progressive	완료진행 perfect progressive
시제 tense	과거 past	① 단순과거	④ 과거완료	⑦ 과거진행형	⑩ 과거완료진행형
	현재 present	② 단순현재	⑤ 현재완료	⑧ 현재진행형	⑪ 현재완료진행형
	미래 future	③ 단순미래	⑥ 미래완료	⑨ 미래진행형	⑫ 미래완료진행형

언어학자들은 영어에는 현재와 과거시제만 존재한다고 주장한다. 그 이유는 미래시제를 나타내려면 동사를 활용(conjugation)하지 않고 법조동사 will을 사용해야하기 때문이다.[15]

(1) 단순과거: Athena play_ed_ golf all day.
(2) 단순현재: Athena play_s_ golf all day.
(3) 단순미래: Athena _will_ play golf all day.

현재시제에서 동사가 활용되는 경우는 주어가 3인칭 단수일 때뿐이다. 현재시제와 달리 과거시제는 모든 인칭(person)과 수(number)에 적용된다. 영어의 동사는 규칙동사와 불규칙동사로 나뉠 수 있는데, (1)처럼 접미사 –ed를 붙여 과거시제를 나타내는 동사를 규칙동사라고 한다. (모든 규칙동사의 과거분사(past participle)도 동일하게 –ed를 붙인다.)

반면에 불규칙동사는 [표 5-2]와 같이 동사의 원형, 과거, 과거분사의 차이에 따라 네 가지 유형으로 나뉜다. 특이한 점은 be 동사를 포함하여

15) Aarts(2011:244)

영어에서 가장 자주 사용되는 10개의 동사는 모두 불규칙 동사라는 것
이다.16)

[표 5-2] 불규칙 동사의 과거와 과거분사(p.p.)

	원형	과거	과거분사	
ⓐ	hit	hit	hit	원형 = 과거 = 과거분사
ⓑ	come	came	come	원형 = 과거분사
ⓒ	have say make	had said made	had said made	과거 = 과거분사
ⓓ	do go take see get	did went took saw got	done gone taken seen gotten	원형 ≠ 과거 ≠ 과거분사

(ⓐ의 hit을 제외한 나머지 9개 동사 + be = 빈도수가 가장 높은 10개 동사)

완료상(perfect aspect)은 조동사 have에 과거분사(p.p.)를 더하여 만든다.

(4) 과거완료: Athena had played golf all day.
(5) 현재완료: Athena has played golf all day.
(6) 미래완료: Athena will have played golf all day.

진행상(progressive aspect)은 조동사 be에 현재분사(present participle)를 더
하여 만든다. 과거분사와 달리 모든 동사의 현재분사는 접미사 –ing를
취한다.

(7) 과거진행형: Athena was playing golf all day.

16) Pinker(1999:123-124)

(8) 현재진행형: Athena is playing golf all day.
(9) 미래진행형: Athena will be playing golf all day.

완료진행상(perfect progressive)은 완료와 진행을 합친 것이므로 'have+ been(=be의 과거분사)+현재분사'의 형태를 취한다.

(10) Athena had been playing golf all day.
(11) Athena has been playing golf all day.
(12) Athena will have been playing golf all day.

모든 문법사항은 '형태(form), 의미(meaning), use(사용)'의 세 가지 측면으로 구분될 수 있다.[17] 영어의 시제와 상은 12개의 조합이 가능해 형태가 복잡해 보이지만 사실 형태보다 더 중요한 것은 시제와 상의 의미와 사용이다.

5.2. 의미(Meaning)

5.2.1. 단순상(Simple aspect)과 진행상(Progressive aspect)

단순상의 기본적인 의미는 '~이다'이고 진행상의 기본적인 의미는 '~중이다'이다. 다시 말하면 단순상은 불변의 진리를 서술하고 진행상은 임시 상황을 서술하는 것이라고 할 수 있다. 예를 들어, (1)은 한국인들에게 적절한 문장이고 (2)는 언젠가는 다시 자기 나라로 돌아갈 외국인

---

17) Larsen-Freeman & Celce-Murcia(2016:3)

에게 적절한 문장이라고 할 수 있다.

    (1) I live in Korea.
    (2) I'm living in Korea.

  그러나 영어의 모든 동사가 진행상으로 사용되지는 않는다. 영어의 동사는 상태동사(state verb)와 사건동사(event verb)로 나뉘는데 know와 같은 상태동사는 진행상으로 사용되지 않는다.

    (3) I know you.
    (4) *I'm knowing you.

  사건동사를 진행상으로 사용하는 이유는 사건을 상태로 만들기 위해서이다. 예를 들어 사건동사 read를 (5)처럼 진행상으로 사용하면 읽고 있는 '상태'를 나타내게 된다.

    (5) I'm reading.(= 읽고 있는 상태)

  상태동사를 진행상으로 사용하지 않는 이유는 상태동사는 이미 상태를 나타내기 때문에 진행상을 사용하여 상태로 바꿀 이유가 없기 때문이다. 하지만 때로는 상태동사가 진행상으로 사용되기도 한다. 보통 *I'm loving you.라고 말하지는 않지만 (6)은 McDonald's 광고문구이고 (7)은 1984년에 발표된 Scorpions의 "Still Loving You" 노래의 한 소절이다.

    (6) I'm loving it.

(7) I'm still loving you.

문제는 (6) 또는 (7)처럼 상태동사가 진행상으로 쓰이면 무슨 의미인지 확실하지 않다는 것이다. (2) I'm living in Korea.처럼 진행상으로 사용된 사건동사는 임시 상황을 의미하는 것이 확실하지만 (6)과 (7)에서 임시 상황을 나타내기 위해 love가 진행상으로 사용되었다고 말하기는 어렵다. (참고로 일본어에서는 *愛する.(= I love you.)라고 하지 않고 진행상을 사용해 愛してる.(= I'm loving you.)라고 한다.)

앞에서 사건동사를 진행상으로 사용하는 이유는 사건을 상태로 만들기 위해서라고 하였는데, 상태로 해석하였을 때 좀 어색한 사건동사도 있다.

(8) He is crossing the street.   (= 길을 건너고 있는 상태)
(9) She is hitting me.   (= ?나를 때리고 있는 상태)

(8)에서는 길을 건너는 행동의 상태를 나타내는 것이 명확하지만 (9)는 두 가지 의미로 해석될 수 있다. 첫째는 슈퍼 스파이더에 물려 갑자기 모든 동작이 느린 그림처럼 보이게 된 스파이더맨이 볼 수 있는 동작의 상태를 의미하는 것이고, 둘째는 나를 반복해서 때리는 동작의 상태를 의미하는 것이다. 정상적인 의미는 물론 후자다.

(8)과 달리 (9)의 의미가 두 가지로 해석될 수 있는 이유는 cross the street과 hit me가 다른 종류의 사건동사이기 때문이다. 사건동사는 아래 [그림 5-1]에서처럼 '활동동사, 지속종결동사, 순간종결동사' 세 가지로 나뉘는데 동사를 상태동사와 이 세 가지의 사건동사로 나누는 것을 어휘상(lexical aspect)에 따른 분류라고 한다.

[그림 5-1] 어휘상(lexical aspect)에 따른 동사의 분류

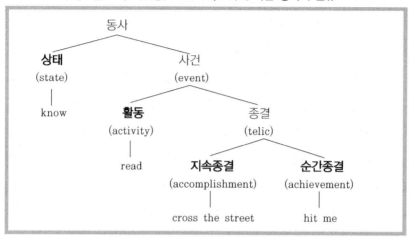

사건동사는 사건의 끝이 있는지 여부에 따라 활동(activity)동사와 종결
(telic)동사로 나뉜다.[18] (참고로 telic은 '끝, 종결'이라는 뜻을 가진 그리스어 telikos
또는 telos에서 유래된 단어이다.) 예를 들어 read라는 행동에는 정해진 종결
이 없지만 cross the street와 hit me에는 종결이 있다. 길을 다 건너고 나
를 때린 순간 행동이 종결되는 것이다. (10)이 이상한 이유도 cross the
street가 종결동사이기 때문이다.[19]

(10) ?She saw him <u>cross</u> the street when he got hit by a car.

(11) She saw him <u>crossing</u> the street when he got hit by a car.

see와 같은 지각동사는 (10)처럼 원형부정사를 취할 수도 있고 (11)처
럼 현재분사를 취할 수도 있는데, 원형부정사는 사건이 종결된 것을 뜻

---

18) Pinker(2007:197-198)

19) 유원호(2014:80)

하고 현재분사는 사건이 종결되지 않았다는 것을 뜻한다. 따라서 원형부정사 cross가 쓰인 (10)은 그가 길을 다 건넌 후에 차에 치였다는 뜻이 되므로 이상한 문장이 되는 것이다.

마지막으로 종결동사는 지속종결(accomplishment)동사와 순간종결(achievement) 동사로 나뉘는데, cross the street처럼 시간이 걸리는 사건을 나타내는 종결동사를 지속종결동사라고 하고 hit me처럼 한 순간에 종결되는 사건을 나타내는 동사를 순간종결동사라고 한다. 순간종결동사와 그 외 사건동사와의 차이점은 진행상에서 잘 나타난다. 진행상으로 사용된 순간종결동사는 (12)처럼 반복의 의미를 가지기 때문이다.[20]

(12) He is nodding his head in agreement.

(9) She is hitting me.에서 반복적으로 때리는 의미가 나타나는 이유도 hit me가 순간종결동사이기 때문이다. 반면에 hit on someone은 '~에게 수작을 걸다, 대시하다'라는 뜻을 가진 활동동사이기 때문에 진행상에서 반복의 의미를 지니지 않는다.

(13) She is hitting on me.

진행상으로 사용된 순간종결동사는 반복의 의미 외에 (14)에서처럼 사건의 시작을 나타내기도 한다.[21]

---

20) Larsen-Freeman & Celce-Murcia(2016:118)
21) Ibid.

(14) Joe is realizing his mistake.

5.2.2. 완료상(Perfect aspect)

모든 완료상(perfect aspect)의 기본적인 관점은 [그림 5-2]에 나타난 바와 같이 어느 한 시점부터 그 이후의 다른 시점까지이다.[22]

[그림 5-2] 완료상의 관점

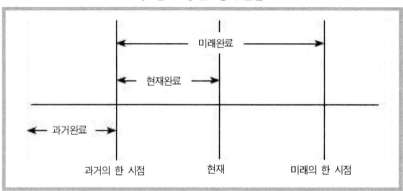

한국어에는 완료상이 없기 때문에 한국어로 완료상의 의미를 설명하기가 쉽지 않다. 완료상의 의미는 주로 [표 5-3]에 정리된 Ⓐ완료, Ⓑ계속, Ⓒ경험, Ⓓ결과의 네 가지 용법으로 구분된다. 과거완료, 현재완료, 미래완료 모두 이 네 가지 용법으로 사용될 수 있으므로 [표 5-3]은 가장 흔히 사용되는 현재완료의 예와 설명으로만 구성되어있다.[23]

---

22) 유원호(2015:167)

23) Ibid., 171.

[표 5-3] 현재완료의 네 가지 용법

	의미	예문
Ⓐ 완료	막 ~하였다	Athena <u>has</u> just <u>finished</u> her homework. Athena는 막 숙제를 끝냈어.
Ⓑ 계속	~해 오고 있다	He'<u>s been</u> healthy since last year. 그는 작년부터 계속 건강해.
Ⓒ 경험	~한 적이 있다	We <u>have been</u> to Australia before. 우리는 호주에 가 본 적이 있어.
Ⓓ 결과	~해 버렸다	I'<u>ve lost</u> my watch. 난 시계를 잃어버렸어. (그래서 지금 없어.)

'막 ~하였다'라는 의미를 가지는 Ⓐ 완료용법(the present perfect of the recent past)은 (1)처럼 just, yet, already, recently와 같은 불특정한 과거를 나타내는 부사(indefinite past-time adverbial)와 함께 사용된다.

(1) Isaiah has <u>recently</u> moved to Somerville.

반면에 (2)처럼 특정한 과거 시점을 나타내는 부사 또는 부사구(definite past-time adverbial)가 사용되었을 때는 현재완료를 사용할 수 없다. 현재완료는 현재와 관련이 있기 때문에 명확한 과거를 나타내는 부사구와는 어울리지 않기 때문이다.

(2) *Isaiah <u>has moved</u> to Somerville <u>in 2004</u>.

'~해 오고 있다'는 의미를 가지는 Ⓑ 계속용법(the continuative present perfect)은 (3)처럼 주로 for 또는 since와 함께 사용된다.

(3) I've lived in Korea <u>for</u> 12 years.

'~한 적이 있다'는 의미를 가지는 ⓒ 경험용법(the experiential present perfect)은 (4)처럼 주로 before, once, never 등과 함께 사용된다.

(4) I've <u>never</u> been to Europe.

'~해 버렸다'는 의미를 가지는 ⓓ 결과용법(the present perfect of result)은 (5)처럼 과거에 발생한 사건의 결과가 현재에도 미치고 있다는 것을 강조할 때 사용된다.

(5) He's lost his wallet.

이 책을 읽는 독자라면 현재완료의 네 가지 용법에 이미 익숙할 것이므로 지극히 형식적인 논의 외의 자세한 설명은 하지 않겠다. 그리고 완료상의 의미와 용법을 이렇게 문장단계(sentential level)에서만 설명하는 것은 한계가 있다. 모든 문법책이 현재완료는 과거에 발생한 일이 현재에 어떤 영향(an element of current relevance)을 미칠 때 사용된다고 설명하지만[24] 현재에 미치는 영향이 과연 어떤 영향인지 문장단계에서는 설명하기 불가능한 경우가 많다. 따라서 시제와 상은 문장을 넘어 담화(discourse)에서 어떻게 사용되는 지를 알아보는 것이 중요하다.

---

24) Aarts(2011:258)

5.3. 사용(Use)

5.3.1. 역사적 현재시제(Historical present tense)

영어에 미래시제가 없다는 주장은 형태(form)의 관점에 나온 주장이다. 동사를 활용하지는 않지만 영어에서도 다른 방식으로 미래시제를 나타낸다. 영어에서 미래시제를 나타내는 대표적인 방법은 법조동사 will(또는 구 법조동사 be going to)을 사용하는 것이다. 또한 현재진행형과 단순현재를 사용하여 미래를 나타낼 수도 있다.

> (1) What are you doing tomorrow, Jaden?
> (2) The Avengers opens in theaters next week.

가까운 미래를 이야기할 때는 (1)처럼 현재진행형을 사용하고, 스케줄에 관련된 미래에는 (2)처럼 단순현재를 사용한다. 단순현재는 (3)처럼 과거에 발생한 사건을 묘사할 때 사용되기도 한다.

> (3) Two days ago, I walked down the Hauptstrasse in Heidelberg. All of a sudden, a young man looks at me, grins and says: "Hey, don't you remember me?!"[25]

단순현재를 사용하여 과거에 일어난 일을 묘사하면 그 장면이 좀 더 생생하게 느껴지는 효과를 얻게 되는데, 이렇게 사용된 현재시제를 '역사적 현재시제(historical present tense)'라고 한다.[26] 현재시제를 사용하여 과

---

25) Klein(2009:49)

거 상황을 설명하는 것은 구어체에서만 발생하는 현상이 아니다. (4)는
2003년에 발행된 미국 New York Times 신문의 사설 중 일부를 발췌한
것인데, 여기서도 과거에 발생한 일을 묘사할 때 현재시제가 사용되었
다. 현재시제로 서술된 모든 문장을 과거시제로 서술할 수도 있었지만
현재시제를 사용함으로써 George W. Bush 행정부의 잘못을 생생하게
표현하는 효과를 꾀하였다.

(4) Over the past year or so, President Bush and many senators <u>have</u>
<u>visited</u> Africa to witness firsthand the ravages of AIDS. They **hold**
sick babies, **pat** the hands of dying women, **visit** community groups
caring for orphans and clinics bereft of medicine. They **make**
heartfelt statements that lives can and must be saved. Then they
come home and **stiff** the global AIDS budget. Mr. Bush <u>made</u> a
worldwide splash by promising a $15 billion, five-year program.
He <u>endorsed</u> an authorization of $3 billion for 2004, which <u>was</u>
passed by both the House and Senate. But the White House and the
Congressional leadership then <u>conspired</u> to cut the actual money
appropriated back to $2.1 billion.[27]

(5)에서도 현재시제가 과거시제 대신 사용된 것을 볼 수 있는데, 주목
할 점은 특정한 과거 시점을 나타내는 부사구(In 1917, in 1919)와 함께 현
재시제가 사용되었다는 것이다.

(5) How many people have seen an eclipse of the sun? Pretty
spectacular thing, huh? But you know, you have to travel to get

---

there. It doesn't come to you. So here's what happened. **In 1917,**
Einstein <u>publishes</u> his theory of general relativity. And then **in**
1919, there'<u>s gonna be</u> an eclipse in Brazil, I think it was. And it
<u>seems</u> like a good idea that you should actually go and test this
theory, which <u>has made</u> a very specific prediction about what ought
to be going on with these stars. So, Eddington <u>mounts</u> an
expedition to Brazil to test this theory. And it <u>works!</u> <u>Goes</u> down
there, he <u>takes</u> these pictures, it <u>does</u> just what Einstein said.[28]

(6)에서도 동일한 현상을 관찰할 수 있는데, Klein(2009)은 (5), (6)과 같
은 현상을 praesens tabulare라고 하였고 (3), (4)와 같은 현상은 narrative
present라고 하였다.

(6) **In 1819,** Goethe <u>publishes</u> "Die Wahlverwandschaften." They are
completely ignored by the critics. He is deeply disappointed and
almost <u>decides</u> to give up literary work.[29]

(3), (4)와 달리 (5), (6)에서는 생생한 묘사(vivid narration)가 없고 과거의
일을 무미건조하게 서술(sober presentation)한 것이기 때문에 두 종류를 나눈
것이라고 Klein은 설명한다. 그러나 (3), (4), (5), (6) 모두 '역사적 현재시
제(historical present tense)'라는 개념으로 설명이 가능하다고 해도 무방하다.

---

28) Excerpt from lecture 13 of Charles Bailyn's *Astrophysics: Frontiers and Controversies,*
posted on iTunes U under Yale University in October 2009.
29) Klein(2009:50)

5.3.2. 담화 얼리기(Discourse freezing)

문장단계에서는 단순과거와 현재완료의 차이점을 설명할 수 없는 경우가 많다. 예를 들어, 앞 뒤 문맥이 전혀 없는 상황에서 (1)과 (2)의 의미 차이를 설명하는 것은 불가능하다. 막연하게 (2)에서는 과거에 발생한 일이 현재에도 영향을 미친다고 설명할 수 있겠지만 그 영향이 어떤 영향인지는 정확히 알 수 없다.

   (1) I <u>saved</u> enough money for a really nice trip.
   (2) I've <u>saved</u> enough money for a really nice trip.

많은 문법책들이 (1)은 돈을 모으기는 했지만 지금도 그 돈이 있는지가 명확하지 않지만 (2)에서는 지금도 그 돈이 있는 것(결과용법)이 명확하다고 설명한다. 그러나 (1)을 듣고 지금은 모은 돈이 없을 것이라고 생각하는 사람은 아무도 없다.

그럼 단순과거와 현재완료의 차이를 문장단계에서 설명하지 못할 때는 어떻게 해야 할까? 담화(discourse)단계에서 해답을 찾아야 한다. 예를 들면, '담화 얼리기(discourse freezing)'라는 개념을 통해 어떤 문맥에서 단순과거 대신 현재완료가 사용되는 것이 좋은지를 설명할 수 있다.[30]

(3)은 총 7개의 문장으로 구성되어있다. 각각의 문장이 모두 문법적으로 완벽하지만 담화 전체로는 응집력(cohesion)이 부족하다. 첫 문장은 현재, 둘째 문장은 미래, 셋째 문장은 과거시제로 되어있어 시제가 불필요하게 변하기 때문이다. 이런 현상을 '담화 뛰기(discourse hopping)'라고 한다.

---

30) Larsen-Freeman, Kuehn & Haccius(2002:6)

(3) I don't know what to do for my vacation. It <u>will start</u> in three weeks. I <u>saved</u> enough money for a really nice trip. I've been to Hawaii. It is too early to go to the mountains. I <u>worked</u> hard all year. I really need a break.[31]

담화의 응집력을 높이려면 '담화 얼리기(discourse freezing)'를 해야 하는데, 담화를 '얼리기' 위해서는 모든 문장을 하나의 시제 축(axis of orientation)과 관련되도록 만들어야 한다. 예를 들어 (3)은 첫 문장과 마지막 문장이 단순현재로 되어있으니, 모든 문장을 현재시제 축과 관련된 시제(be going to, 단순현재 또는 현재완료)로 만드는 것이다. 따라서 두 번째 문장은 (4) 또는 (5)로 바꿀 수 있다.

(4) It <u>is going to</u> start in three weeks.
(5) It <u>starts</u> in three weeks.

is going to는 will과 달리 현재형 is를 포함하고 있기 때문에 현재시제와 관련이 있다. 그러나 스케줄과 관련된 미래를 나타내는 문장에는 단순현재(starts)를 사용하는 것이 좋다. 단순과거로 되어있는 세 번째와 여섯 번째 문장도 현재시제 축과 관련이 있는 현재완료로 바꾸는 것이 좋다. 그 결과 (3)은 응집력을 가진 아래의 담화로 재탄생하게 된다.

(6) I don't know what to do for my vacation. It <u>starts</u> in three weeks. I <u>have saved</u> enough money for a really nice trip. I've been to Hawaii. It is too early to go to the mountains. I <u>have worked</u> hard all year. I really need a break.[32]

---

31) Ibid.

5.3.3. 완료상의 극적용법(Using the perfect aspect for a dramatic effect)

과거에 발생한 두 사건의 순서를 나타내려면 (2)처럼 먼저 발생한 사건은 과거완료를 사용하고 나중에 발생한 사건은 단순과거를 사용하면 된다.

    (1) Jaden went to bed at 9 p.m., and I got home at 10 p.m.
    (2) Jaden <u>had already gone</u> to bed when I <u>got</u> home.

(2)에서는 과거완료가 중요한 역할을 하는데, 그 이유는 (3)처럼 과거완료 대신 단순과거를 사용하면 의미가 변하기 때문이다.

    (3) Jaden <u>went</u> to bed when I got home.
      = I got home, and Jaden went to bed.

하지만 (4)처럼 when 대신 사건의 순서를 명확히 해주는 종속접속사 before 또는 after를 사용하면 과거완료를 꼭 사용할 필요가 없다. 뜻이 변하지 않기 때문이다.

    (4) Jaden <u>went</u> to bed <u>before</u> I got home.

그런데 만약 (5)처럼 먼저 발생한 사건이 단순과거로 되어있고 나중에 발생한 사건이 과거완료로 되어있는 문장이 있다면 어떻게 해석해야 할까?

---

32) Ibid.

(5) Elizabeth <u>imprisoned</u> Mary <u>in 1568</u> and eventually <u>had executed</u>
　　her <u>in 1587.</u>

과거완료의 가장 기본적인 용법에 정반대되는 문장이므로 비문이라고
생각할지도 모르지만 담화에서는 종종 (5)와 같은 문장이 관찰된다. 단
순과거로 서술된 담화에서 (6)처럼 마지막 문장을 과거완료로 나타내는
이유는 극적인 효과를 꾀하기 위해서이다.[33]

(6) Elizabeth is acknowledged as a charismatic performer and a dogged
　　survivor, in an age when government <u>was</u> ramshackle and limited
　　and when monarchs in neighbouring countries <u>faced</u> internal
　　problems that <u>jeopardised</u> their thrones. Such <u>was</u> the case with
　　Elizabeth's rival, Mary, Queen of Scots, whom she <u>imprisoned in</u>
　　<u>1568</u> and eventually **had executed in 1587**.[34]

(7)과 (8)에서도 과거에 발생한 일을 묘사하면서 극적인 표현을 위해
마지막 문장에 과거완료를 사용하였다.

(7) The students <u>sat</u> in the bleachers of Pauley Pavilion watching the
　　faculty enter in their caps and gowns. Dignitaries <u>continued</u> to
　　arrive while the band <u>played</u> a festive melody for the onlookers. To
　　the cheers of the crowd, President Clinton <u>came</u> in and <u>took</u> his
　　assigned seat on the podium. . . . UCLA's 75th Anniversary **had**
　　begun.[35]

---

33) Celce-Murcia & Yoo(2014:9-11)
34) Retrieved December 4, 2013 from http://en.wikipedia.org/wiki/Elizabeth_I_of_England.
35) UCLA *Daily Bruin*, May 25, 1994.

(8) The inspiration for the "Moser lamp" <u>came</u> to him during one of the country's frequent electricity blackouts in 2002. . . . Moser and his friends <u>began</u> to wonder how they <u>would </u>raise the alarm, in case of an emergency, such as a small plane coming down, imagining a situation in which they <u>had</u> no matches. His boss at the time <u>suggested</u> getting a discarded plastic bottle, filling it with water and using it as a lens to focus the sun's rays on dry grass. That way one <u>could</u> start a fire, as a signal to rescuers. This idea <u>stuck</u> in Moser's head − he <u>started</u> playing around, filling up bottles and making circles of refracted light. Soon he **had developed** the lamp.[36]

물론 (9)처럼 마지막 문장을 단순과거로 나타낼 수도 있지만 과거완료를 사용했을 때만큼의 극적인 효과는 찾아볼 수 없다. 따라서 담화 전체의 완결성을 높이려면 마지막 문장을 과거완료로 바꾸는 것이 좋다.

(9) Jeremy <u>knew</u> something had to change. He then <u>thought</u> back to my class, remembering how negative emotions can drag you down, leaving positive emotions unnoticed. That's when he <u>decided</u> to focus more on building positive attitudes within the classroom. He <u>borrowed</u> lessons from my positive psychology class and even <u>mentioned</u> my name to his students. As the students' attitudes <u>became</u> more optimistic, their confidence with math <u>grew</u> too. At the end of the school year, 80 percent of Jeremy's students **passed** the state's math test.[37]

---

36) Retrieved August 24, 2017 from http://www.bbc.com/news/magazine-23536914.
37) Retrieved March 12, 2015 from
    http://suneung.re.kr/board.do?boardConfigNo=62&menuNo=238&sortName=boardEtc01.

극적인 효과를 나타내는 완료상은 주로 과거완료에서 관찰되는데 (10) 처럼 현재시제로 서술된 담화에서 마지막 문장을 현재완료로 나타내어 극적인 효과를 꾀하기도 한다.38)

(10) We <u>are</u> here to retrieve a temperature probe—one of 23 the group left on the mountain a year ago in the hopes of determining how much the soil temperatures <u>change</u> and thus whether these environments <u>are</u> relatively stable. As we <u>move</u> away from the entrance, the light <u>fades</u>, and we <u>have to</u> use flashlights. . . . Then Moore <u>disappears</u> down a corridor and, after a few moments, <u>gives</u> a shout. He's <u>found</u> the probe.39)

5.3.4. 공손함 표현하기(Expressing politeness)

시제에서 가장 간과되는 것은 아마도 공손한 표현을 위한 시제의 사용일 것이다. 영어에는 경어가 없지만 상대의 지위에 따라 표현의 공손함의 정도가 적절히 바뀌어야 한다. 영어에 공손한 표현이 없다고 느끼는 가장 큰 이유 중 하나는 친근한 2인칭 대명사와 공손한 2인칭 대명사를 구분하지 않기 때문이다.

스페인어, 불어, 독일어, 네덜란드어 등을 포함한 거의 모든 유럽 언어들이 친근한 2인칭 대명사와 공손한 2인칭 대명사를 구분하는데 영어는 그렇지 않다. 영어도 중세영어에서는 친근한 2인칭 대명사 thou와 공손한 2인칭 대명사 ye를 구분하였는데 현대영어에서는 그 구분이 사라졌다. 오히려 친근한 2인칭 대명사인 thou가 성경책에 주로 쓰여서 많은

---

38) Celce-Murcia & Yoo(2014:12-13)
39) *National geographic*(July, 2012:115)

사람들이 thou를 공손한 2인칭 대명사로 잘못 생각하기도 한다.[40]

그럼 영어에서는 어떻게 공손함을 표현할까? 이 질문에 대부분의 학생들은 문장 끝에 please를 붙이면 된다고 대답하지만 모든 문장에 please를 붙일 수 있는 것은 아니다. please외에 영어에서는 과거시제를 사용함으로써 표현을 공손하게 만들 수 있는데, 가장 흔한 예는 다음과 같다.

(1) <u>Could</u> you open the window?

(1)이 공손하게 들리는 이유는 두 가지 이다. 첫째는 의문문이기 때문이고, 둘째는 과거시제가 사용되었기 때문이다. 상대방에게 창문을 열어달라는 의사표현을 가장 명료하게 하는 방법은 (2)와 같은 명령문을 사용하는 것이다.

(2) Open the window.

명령문을 공손한 표현으로 바꾸려면 (3)처럼 의문문을 사용하면 되는데, 이 질문에 Yes, I can.으로 대답하는 사람은 아무도 없다. (3)의 발화수반력(illocutionary force)이 공손한 요청이라는 것을 화자와 청자가 공유하고 있기 때문이다.

(3) <u>Can</u> you open the window?

---

40) Chae(2007:459-460)

"(3)을 더 공손한 표현으로 바꾸려면 어떻게 하면 될까?"라고 질문을 하면 많은 학생들이 (1)과 같이 Can대신 Could을 사용하면 된다고 대답한다. 하지만 "Can을 Could으로 바꾸면 왜 더 공손한 표현이 될까?"라는 질문에 대답을 하는 학생은 아무도 없다. 이유는 바로 Could이 Can의 과거형이기 때문이다.

과거시제를 사용해 공손하게 말하는 좋은 예는 점원이 손님에게 다음과 같은 질문을 할 때이다.[41]

    (4) What <u>was</u> the name please?
    (5) <u>Did</u> you need any help, madam?

그럼 왜 과거시제를 사용하면 공손한 표현이 되는 것일까? 언어·문화 연구 분야 중 공간학(proxemics)이라는 것이 있는데 각 문화에서 화자와 청자가 어느 정도의 거리를 유지해야 상대방에게 불편한 느낌을 주지 않는지를 연구하는 분야다. 예를 들어 미국인들은 멕시코인과 대화를 할 때 종종 불편함을 느끼곤 하는데, 그 이유는 멕시코인은 미국인에 비해 가까운 거리에서 대화를 나누기 때문에 미국인이 무의식중에 자기의 공간을 침범 당했다고 느끼기 때문이다.[42]

과거시제를 사용하면 표현이 공손하게 되는 이유도 과거시제는 청자에게 적절한 심리적 거리감을 제공하기 때문이다. 그 결과 과거시제는 청자를 화자의 요청으로부터 멀어지게 하게고, 이 심리적 거리감은 청자가 화자의 요청을 거절할 수 있는 말미를 제공해 준다.[43] 과거시제를

---

41) Carter, McCarthy, Mark & O'Keeffe(2011:88)
42) Brown(2007:239)
43) Arts(2011:250)

사용하면 공손한 표현이 된다는 원리를 이해하지 못하는 학생은 교수에게 종종 다음과 같은 메일을 보낸다.

(6) I really <u>want</u> to take your class.

물론 학생은 ⓐ와 같은 공손한 마음으로 쓴 문장이겠지만 메일을 받은 교수는 불쾌감을 떨칠 수가 없다. ⓑ로 들리기 때문이다.

ⓐ <u>저</u>는 정말 <u>교수님</u>의 수업을 듣고 <u>싶습니다</u>.
ⓑ <u>나</u>는 정말 <u>너</u>의 수업을 듣고 <u>싶어</u>.

그럼 어떻게 해야 'ⓑ 나는 정말 너의 수업을 듣고 싶어.'가 'ⓐ 저는 정말 교수님의 수업을 듣고 싶습니다.'가 될까? 물론 대명사인 I와 your는 공손한 표현으로 바꿀 수 없다. 가장 간단한 방법은 (7)처럼 동사의 시제를 과거로 바꾸는 것이다.[44]

(7) I really <u>wanted</u> to take your class.

과거시제로 공손함을 표현하는 예는 (8)처럼 가정법(subjunctive mood)이 사용된 조건문(conditional sentence)에서도 찾아볼 수 있다.[45]

(8) If you <u>cleaned</u> my room, I'd give you $20.

---

44) 유원호(2016:110)
45) 유원호(2014:116)

(8)에서 가정법이 사용된 이유는 청자가 제안을 받아드릴 것이라는 화자의 확신이 없어서가 아니다. 가정법은 그런 확신이 있는 경우에도 제안을 공손히 하기 위해 사용된다. 만약 (9)처럼 가정법을 사용하지 않는다면 의미는 변하지 않지만 (8)에 나타난 공손함은 사라지게 된다. 과거시제가 사용되지 않았기 때문이다.

(9) If you <u>clean</u> my room, I'll give you $20.

(10)은 2009년에 개봉한 영화 <The Proposal>의 마지막 부분에 나오는 대사이다. 막 사랑을 고백한 남자 주인공에게 여자 주인공이 하는 말인데 (8)과 마찬가지로 가정법이 사용되었다. 다 잊고 떠나는 게 좋을 것이라고 말하고 있지만, 사실은 여자 주인공도 남자 주인공과 헤어지고 싶지 않기 때문에 과거시제를 사용하여 공손하게 표현한 것이다.46)

(10) I think it <u>would</u> just be a lot easier if we <u>forgot</u> everything that happened and I just <u>left</u>.

똑같은 말을 미래조건문을 사용하여 (11)과 같이 말할 수도 있지만 어감은 전혀 다르다. 정말 헤어지고 싶다는 느낌이 들기 때문이다.

(11) I think it <u>will</u> be a lot easier if we <u>forget</u> everything that happened and I just <u>leave</u>.

과거시제 외에 진행형도 표현을 완곡하게 만드는데 사용된다.47) (12)

---

46) 유원호(2017:127-128)

는 미국 미시건 대학에서 구축한 학술구어 코퍼스(Michigan Corpus of Academic Spoken English, MICASE)에서 관찰된 예문인데 want가 현재진행형으로 사용되어 화자의 의견이 완곡하게 표현되었다.

> (12) I'm wanting to make a distinction between the way things seem
>   to us and the characteristics that give rise to those seemings.
>   (MICASE)

(13)처럼 과거시제와 진행형을 합쳐서 과거 진행형을 사용하면 가장 공손한 시제가 되는데, 그 이유는 과거 진행형은 두 단계의 거리감을 주기 때문이다.[48)

> (13) Were you looking for anything special? (in a shop)

공손함을 표현하기 위해 미래시제가 사용되기도 하는데, 좋은 예는 조건절에 사용된 will이다. (14)에서는 공손함을 표현하기 위해 if절에 will을 사용한 것인데, 많은 학생들이 (14)는 비문이라고 잘못 생각한다. 시간과 조건을 나타내는 부사절에는 현재가 미래를 대신한다고 배웠기 때문이다.

> (14) If you'll do the dishes, I'll do the laundry.

위 예문의 if절은 조건을 나타낸 다기 보다는 제안에 가깝다. 이런 if

---

47) McCarthy & O'Keeffe(2014:280)
48) Swan(2016: entry 311)

절에 will을 사용하면 표현이 공손해지는 이유는 과거시제와 마찬가지로 미래시제도 청자에게 심리적 거리감을 주기 때문이다.[49] 반면에 (15)처럼 진정한 조건을 나타내는 미래조건문에서는 if절에 will을 사용할 수 없다. 날씨에게 공손함을 표현할 필요가 없기 때문이다.

(15) *If it'll rain tomorrow, I'll stay home.

미래시제가 공손한 표현으로 사용되는 또 다른 예는 고급 레스토랑에서 안내원(hostess)이 손님을 자리로 안내하면서 다음과 같이 말을 할 때이다.[50]

(16) This will be your table.

자리를 안내하면서 단순현재 is 대신 미래 법조동사 will을 사용하는 이유는 손님을 정중하게 대하기 위해서이다. 이걸 모르고 (16)을 듣고 (17)처럼 되묻는 실수는 범하지 말아야 할 것이다.

(17) When will it be our table?

---

49) Ibid.
50) 유원호(2014:114)

'(the) last/next + 시간명사'와 함께 사용되는 시상 분석 연구

6.1. (the) last/next + 시간명사

6.1.1. 후치한정사 last와 next의 특징

'지난 주'와 '다음 주'는 영어로 각각 (1), (2)에서처럼 last week와 next week라고 하는데 이 두 표현에는 특이한 점이 두 가지 있다.

(1) I went to Taiwan Ø last week.
(2) I'm going to Thailand Ø next week.

첫째는 가산명사인 week가 단수로 사용되었음에도 불구하고 관사가 없다는 점이다. 둘째는 last와 next는 주로 (3), (4)처럼 정관사 the와 함께 사용되는데 last week와 next week에는 정관사가 사용되지 않았다는 점이다.

(3) We caught the last bus home.[51]

---

51) Retrieved October 6, 2017 from http://endic.naver.com/enkrEntry.nhn?sLn=kr&entryId=8a1eedac19

(4) The next train to Baltimore is at ten.[52]

(1)~(4)에서 사용된 last와 next는 모두 한정사 또는 정확히 말하면 후치한정사(post-determiner)인데,[53] 이렇게 사용된 last와 next를 형용사로 잘못 분류하고 있는 사전이 적지 않다. 후치한정사의 다른 예로는 former, latter, other, same이 있는데 형용사와 달리 이들 후치한정사는 (5), (6)에서처럼 명사의 생략이 가능하다.[54]

(5) Escalation is their first love and their last. (Brown)[55]

(6) Each cup must be absorbed before the next is added. (1996 LATWP)

6.1.2. 후치한정사 last와 next의 특징

(3)과 (4)는 모두 NAVER 사전에서 last와 next를 찾아서 나온 첫 예문인데, NAVER 사전도 last는 한정사로 분류했지만 next는 형용사로 분류했다. 아래는 NAVER 사전이 제시한 형용사 next의 두 번째 정의와 예시이다.[56]

---

b34b58848ea907d9d051da&query=last.

52) Retrieved October 6, 2017 from http://endic.naver.com/enkrEntry.nhn?sLn=kr&entryId=81693d 2bcdae41debdb91a0a17626b82&query=next.

53) Biber, Johansson, Leech, Conrad & Finegan(1999:258)

54) Yoo(2011:1666, 1671)

55) (Brown), (1996 LAWTP), (NYT)는 예문이 추출된 코퍼스(또는 하위 코퍼스) 명칭의 약자이며 이들 코퍼스에 대한 설명은 6.2.2.에서 하겠다.

56) Retrieved October 6, 2017 from http://endic.naver.com/enkrEntry.nhn?sLn=kr&entryId=81693d 2bcdae41debdb91a0a17626b82&query=next.

2. ~ Monday, week, summer, year, etc. [the 없이 쓰여] 그[이]
다음 월요일, 주, 여름, 해 등

   Next Thursday is 12 April.
   (이) 다음 목요일은 4월 12일이다.

   Next time I'll bring a book.
   다음번에는 내가 책을 가지고 올게.

우선 눈에 띄는 것은 Monday, week, summer, year가 모두 시간명사
(temporal noun)라는 것이다. 그리고 이런 명사들이 next와 사용될 때는 the
없이 쓰인다고 명시되어 있다. 이런 설명은 한국에서 가장 인기가 많다
는 원서 영문법 책 Basic Grammar in Use에도 나와 있다.57)

We do not use *the* with *next/last* + *week/month/year/summer/Monday*,
etc., e.g. *I'm not working* **next week** (not ***the next week***).

그런데 정말 'last/next + 시간명사'는 정관사와 함께 쓰일 수 없는 것
일까? 그렇지 않다. 단지 의미만 변할 뿐이다. 다음은 2003년 8월 22일
금요일 미국 MIT 대학의 학보인 The Tech의 사설(editorial)에서 발췌한
문장인데 next week이 the와 함께 사용되었다.

   (7) The next week will be fun.

---

57) Murphy(2002:292)

Basic Grammar in Use와 NAVER 사전의 설명이 맞는다면 (7)은 비문일 것이다. 하지만 MIT 대학 학보의 사설에 비문이 사용될 리 만무하다. 물론 (8)처럼 Ø Next week라고 할 수도 있지만 뜻이 달라진다.

(8) <u>Ø Next week</u> will be fun.

(7)의 The next week은 '다음 7일간'이라는 뜻이고 (8)의 Ø Next week 는 '다음 주'라는 뜻이다. week, month, year처럼 기간을 나타내는 시간명사는 모두 두 가지의 뜻을 가지고 있는데 하나는 달력에서 사용되는 특정기간을 나타내는 7일(월요일~일요일), 30일(1월, 2월, 3월 등), 12개월(1월~12월)이고 다른 하나는 달력과 관계없는 일주일, 한 달, 일 년이다. [표 6-1] 은 이 두 가지의 뜻을 '달력 단위(calendar unit)'와 '비달력 단위(non-calendar unit)'로 구분하여 정리한 것이다.

[표 6-1] 시간명사의 두 가지 의미

	달력 단위	비달력 단위
week	월요일~일요일(또는 일~월)	일주일
month	1월, 2월, 3월, 4월 등	한 달
year	1월~12월	일 년
decade	80년대, 90년대 등	10년
century	20세기, 21세기 등	100년

'next + 시간명사'와 마찬가지로 'last + 시간명사'도 the와 함께 사용되면 week, month, year는 '비달력 단위'로 해석된다. 따라서 (9)에서 the last week는 '지난 7일'을 뜻한다.

(9) They should be exclusive to *The Times* and respond to an article that appeared in the newspaper in <u>the last week</u>.[58]

그럼 decade와 century는 어떨까? 흥미롭게도 Collins COBUILD English Usage는 아래와 같이 last와 함께 쓰인 decade/century는 달력 단위와 비달력 단위 모두 the를 사용해야 한다고 설명하고 있다.[59]

> However, you do not use **last** like this in front of **decade** or **century**. You do not say, for example, that something happened 'last decade'. You say that it happened **in the last decade** or **during the last decade**. *This was well known during the last century*.

실제로, 1990년대에 발행된 미국 주요 신문 기사로 구축된 코퍼스 (North American News Text Corpus)를 분석한 결과 (10), (11)과 같은 Ø last/next + decade/century도 관찰되었지만 이런 예시는 총 792개 중 3%(24개)에 불과했다.[60]

(10) The vineyard, founded in 1889, looks pretty much like it must have looked <u>last century</u>. (NYT)

(11) Alenia . . . also plans to help build the Airbus A340−600, which would be introduced <u>early next decade</u> and seat 375 passengers. (NYT)

---

58) New York Times Editorial, *To the Reader* by Thomas Feyer, September 14, 2003.
59) *Collins COBUILD English usage* (2nd ed.)(2004:263)
60) Yoo(2007:1530)

6.1.3. 비지시적 관점을 나타내는 the

기간을 나타내는 시간명사 week, month, year는 Ø last/next와 함께 사용되었을 때는 달력 단위를 나타내고 the last/next와 함께 사용되었을 때는 비달력 단위를 나타낸다. 그럼 Monday처럼 시점을 나타내는 시간 명사가 the last/next와 함께 쓰이면 어떻게 뜻이 변할까? (12)와 (13)의 차이점에서 볼 수 있는 것처럼 시점을 나타내는 시간명사는 the가 없을 때는 지시적(deictic) 관점에서 해석되고, the가 있을 때는 비지시적(non-deictic) 관점에서 해석된다.[61]

(12) Two weeks ago Frank said he would return Ø next Monday.
(13) Two weeks ago Frank said he would return the next Monday.

(12)의 Ø next Monday는 지시적 관점(=현재 시점)에서 해석되므로 '다음 주 월요일'로 해석된다. 그러나 (13)의 the next Monday는 비지시적 관점(=현재가 아닌 다른 시점)에서 해석되므로 '(2주 전의) 그 다음 주 월요일'로 해석된다.

물론 비지시적 관점의 해석은 week, month, year처럼 기간을 나타내는 시간명사에도 해당된다. (14)는 Michigan Corpus of Academic Spoken English(MICASE)에서 관찰된 예문인데 the next week가 '다음 7일간'이 아니고 '그 다음 주'의 뜻으로 사용되었다.[62]

---

61) Allen & Hill(1979:135)
62) Yoo(2008:56)

(14) [W]ell I went about my business and I sent 'em the report and
then I called up later and said did you fix it? There's a
problem, it's illegal did you fix it? They said yeah yeah. So I
went back the next week, and they were using the fluoro unit.
(MICASE)

그런데 last는 다르다. Collins COBUILD English Usage에서 설명한 바
와 같이 비지시적 관점에서는 last 대신 previous(또는 before)가 사용되어
야 한다.[63)

> When you are describing something that happened in the past and you
> want to refer to an earlier period of time, you use **previous** or **before**
> instead of 'last': For example, if you are talking about events that
> happened in 1983 and you want to mention something that happened in
> 1982, you say that it happened **the previous year or the year before**.
> We had had a row *the previous night*.
> His village had been destroyed *the previous summer*.

[표 6-2]는 '(the) last/next + 시간명사'의 의미를 지시적 또는 비지시
적 관점에 따라 분류한 것이다. 예를 들어 the next week이 지시적 관점
(=현재 시점)에서 해석되었을 때는 '지금부터 다음 7일간'이라는 뜻이 되고
비지시적 관점(=현재와 다른 시점)에서 해석되었을 때는 '(현재가 아닌 특정한
시점의) 그 다음 주'라는 뜻이 된다.

---

63) *Collins COBUILD English usage* (2nd ed.)(2004:264)

[표 6-2] 지시적 또는 비지시적 관점에 따른 '(the) last/next + 시간명사'의 의미

지시적 관점			비지시적 관점		
next week	다음 주	the next week	다음 7일간	the next week	그 다음 주
next month	다음 달	the next month	다음 30일간	the next month	그 다음 달
next year	내년	the next year	다음 12개월간	the next year	그 다음 해
last week	지난주	the last week	지난 7일간	the previous week*	그 전주
last month	지난달	the last month	지난 30일간	the previous month	그 전달
last year	작년	the last year	지난 12개월간	the previous year	그 전해

(*비지시적 관점에서는 last가 previous로 바뀜.)

참고로, 'last/next + 시간명사'가 비지시적 관점에서 쓰였을 때는 정관사를 꼭 사용해야 하는데 한국어의 상당 어구 앞에는 '그'를 꼭 사용할 필요가 없다. 다음 네 예문은 모두 세종 말뭉치와 KAIST 코퍼스에서 추출되었는데, (15)와 (16)에서는 '그'가 사용되었지만 (17)과 (18)에서는 각각 비지시적 관점을 명백하게 보여주는 '96년 10월부터 지난 9월까지'와 '안록산의 난이 일어난 해(755년)'라는 문구가 있음에도 불구하고 '그'가 사용되지 않았다.[64]

(15) 지난해 10월, 그리고 그 전해의 10월, 나는 뉴욕에 있었다. (KAIST)

(16) 그때가 6.25 바로 그 다음 해 6월이었어요. 38선 언저리에서 전투가 심했지요. (세종)

(17) 미 사법당국은 . . . 96년 10월부터 지난 9월까지 한 해 동안 . . . 캘리포니아에서는 샌디에이고가 3만 5000명으로 전해보다 51%나 늘어난 것으로 집계됐다. (KAIST)

(18) 즉 안록산의 난이 일어난 해(755년)에 입당하여 다음 해(756년)에 풀려난 것으로 헤아려 진다. (KAIST)

---

64) Yoo(2005:162, 164, 169, 176)

6.2. 과거완료와 함께 사용된 '(the) last + 시간명사'의 코퍼스 분석[65]

6.2.1. 연구의 배경과 연구 문제

[표 6-2]에서 가장 흥미로운 것은 비지시적 관점에서는 last가 previous로 바뀐다는 것이다. 비지시적 관점에서 사용되는 대표적인 시제는 과거완료이다. 과거완료는 과거의 한 시점(대과거)에서부터 그 후 과거의 한 시점까지를 나타내는 시제이기 때문이다. Collins COBUILD English Usage에 제시된 previous의 예문에 모두 과거완료가 사용된 이유도 비지시적 관점을 내포하고 있는 과거시제의 특성 때문이다.[66]

(1) a. We <u>had had</u> a row the <u>previous</u> night.
   b. His village <u>had been destroyed</u> the <u>previous</u> summer.

영어 학습자를 위한 사전인 Longman Dictionary of English Language and Culture에서 previous를 찾아보면 다음과 같은 예문이 가장 먼저 나오는데, 이 예문에도 과거완료가 사용되었다.[67]

(2) On Sunday he denied all knowledge of it, but on the <u>previous</u> day (= Saturday) he'<u>d admitted</u> to me that he knew all about it.

65) 이 글은 Yoo(2015)에서 논의된 일부분을 다시 구성하고 보완하는 방식으로 작성되었다.
66) *Collins COBUILD English usage* (2nd ed.)(2004:264)
67) *Longman dictionary of English language and culture*(1992:1042)

같은 사전에서 last를 찾아보면 다음과 같은 용법(usage) 설명이 나온다. 마지막 예문에도 역시 previous가 과거완료와 함께 사용되었고 last가 나오는 예문에는 단순과거가 사용되었다.[68]

> When our point of view is in the present, looking back to the past, we say *last night, last week*, etc.: *I'm sure I saw George at the club **last week**.* But when our point of view is in the past, looking even further back into the past, we use expressions like *the night before that, the previous week*, etc.: *I was sure I had seen George at the club the **previous** week.*

그럼 'the last + 시간명사'는 과거완료와 함께 사용될 수 없을까? 그렇지 않다. 아래는 Brown 코퍼스에서 관찰된 예문인데 the last six months가 과거완료와 함께 사용되었다.

(3) Billy Tilghman and his comrades rode off to the battle. Blue Throat, who had ruled the town with his six-shooter for the last six months, certainly had no intention of relinquishing his profitable dictatorship. (Brown)

Longman 사전의 설명과 달리 (3)에서는 'the last + 시간명사'가 비지시적 관점과 함께 사용되었다. 그럼 왜 이 예문에서는 previous 대신 last가 사용되었을까? 본 연구에서는 이 의문점을 해결하기 위해 다음 세 가지의 연구문제를 조사한다.

---

68) Ibid., 738.

1. 'the last + 시간명사'처럼 'Ø last + 시간명사'도 과거완료와 함께 사용될 수 있을까?
2. 과거완료와 함께 사용된 '(the) last + 시간명사'에서 last는 어떤 뜻일까?
3. '(the) last + 시간명사'는 어떤 상황에서 과거완료와 함께 사용될 수 있을까?

6.2.2. 코퍼스 자료 수집

코퍼스 자료를 수집하기 전에 먼저 고려해야 할 것은 어떤 코퍼스에서 자료를 수집할 것인지 이다. 코퍼스의 종류를 나누는 방법은 여러 가지가 있지만 크게 다음 두 가지로 나눌 수 있다. 첫째는 해당언어를 대표할 수 있는 자료를 포함하고 있는 범용 코퍼스(general corpus)이고, 둘째는 신문 기사, 뉴스, 교과서, 대학 강의 등 특별한 장르의 자료로 구축된 특수 코퍼스(specialized corpus)이다.

그 다음으로 고려해야 할 것은 자료의 양이다. 분석 자료가 너무 적게 출현하여도 안 되고, 또 너무 많이 출현하여도 곤란하다. 자료를 분석하는 데 과도한 시간이 소요되기 때문이다. 얼마만큼의 분석 자료가 필요한지는 연구 문제에 따라 다르겠지만 분석 대상 자료가 최소 30개 이상은 되어야 한다.

본 연구에서는 우선 범용 코퍼스인 Brown University Standard Corpus of Present-Day American English(또는 Brown Corpus)에서 분석 자료를 추출하였다. Brown Corpus는 1964년에 구축된 코퍼스로서 미국에서 1961년에 발행된 각종 장르의 글을 담고 있다.[69] 수억만 단어를 포함하고 있

---

69) Kennedy(1998:23-27)

는 다른 범용 코퍼스와 달리 1백만 단어로만 구성되어 있어 검색이 용
이하다는 장점이 있으나 많은 자료를 추출할 수 없다는 단점도 있다.

　따라서, 충분한 양의 분석 자료를 확보하기 위해 특수 코퍼스인 North
American News Text Corpus를 사용하였는데, 이유는 last와 next가 뉴스
장르에 가장 흔히 사용되기 때문이다.[70] 이 특수 코퍼스는 1994년부터
1997년 사이에 발행된 미국 주요 신문 기사로 구축되어 있는데 Wall
Street Journal, Reuters News Service, Los Angeles Times and Washington
Post(LATWP)와 New York Times News Syndicate(NYT)의 4개 하위 코퍼
스로 구성되어 있다. 전체 코퍼스는 총 3억5천만이 넘는 단어수를 포함
하고 있어 분석 대상 자료가 과도하게 추출될 것이라 판단되었으므로,
본 연구에서는 하위 코퍼스 중 하나인 1996년 LATWP에서만 분석 대상
자료를 추출하기로 결정하였다.

6.2.3. 자료 분석

　Brown 코퍼스에서는 last가 총 674회 출현하였는데, 그 중 과거완료와
함께 사용된 '(the) last + 시간명사'는 8회(1.18%)에 불과했다. 1996 LATWP
코퍼스에서는 last가 총 26,804회 출현하였다. 그러나 과거완료와 함께 사용
된 '(the) last + 시간명사'는 51회(0.19%)만 관찰되어 오히려 Brown 코퍼스에
서보다 낮은 사용 비율을 보였다. 과거완료와 함께 사용된 59개의 '(the) last
+ 시간명사'중 무관사와 결합한 예는 하나 밖에 관찰되지 않았다.

---

70) Biber, Johansson, Leech, Conrad & Finegan(1999:282)

(4) "Greg, I didn't think you'd make it," Bobby said, obviously happy
to see me. He didn't know the half of it. I'd promised him last
month that I would attend his retirement performance Mother's
Day. That was before I was sent on an assignment abroad. (1996
LATWP)

위 예문은 1996 LATWP 코퍼스에서 관찰된 것이며, 아래 [표 6-3]에
나타난 바와 같이 Brown 코퍼스에서는 'Ø last + 시간명사'가 과거완료
와 사용된 예문이 없다.

[표 6-3] 과거완료와 함께 사용된 '(the) last + 시간명사'

	Brown 코퍼스		1996 LATWP 코퍼스		
	빈도수	백분율	빈도수	백분율	합계
Ø last + 시간명사	0	0%	1	2%	1
the last + 시간명사	8	100%	50	98%	58
합계	8	100%	51	100%	59

(4)의 Ø last month에서 last는 'most recent(가장 최근의)'라는 뜻이다.
후치사 last가 무관사 Ø와 함께 사용될 때는 단수 시간명사와만 결합할
수 있으며, 이때 last는 'most recent'라는 뜻을 가진다.[71]

반면에 정관사와 함께 사용되는 last는 단·복수 시간명사와 모두 결
합할 수 있으며, 이때 last의 뜻은 'final(마지막의)' 또는 'past(지난)'가 된
다.[72] 이 두 가지 중 'final'의 의미로 쓰인 last는 어떤 시제와도 함께 사
용될 수 있는데, 과거완료와 함께 쓰인 58개의 'the last + 시간명사' 중

---

71) Yoo(2008:44)
72) Ibid.

11개가 그런 예였다. 이 중 2개는 the last night와 the last day이었고 나머지 9개는 (5)처럼 of 전치사 구를 동반하여 'final'의 의미가 명확히 드러났다.

> (5) Papa, I should emphasize, <u>had been</u> an invalid <u>the last several years</u> of his life; his hospital and doctor bills had been large and his income had been cut until he was receiving little except small rentals on some properties he still owned. (Brown)

(6)은 과거완료와 함께 쓰인 last가 'past'를 뜻하는 예인데, 이와 같은 예가 44개로 가장 많았다.

> (6) The Kremlin bells pealed triumphantly and an artillery salute echoed around this capital's skyscrapers and onion domes, but nothing in Friday's inaugural festivities could disguise the stiff walk and blurred speech of Russia's Boris N. Yeltsin as he was sworn in as president for a second four-year term. . . . Indeed, the grand inaugural originally planned <u>had gradually been whittled</u> to the bare essentials <u>over the last week</u>. (1996 LATWP)

(7)은 last가 비지시적 관점에서 'previous(바로 앞의)'의 의미로 사용된 예를 포함하고 있는데, 여기서 over the last month는 'Ferrechio가 학교를 방문 한 화요일까지의 지난 한 달(over the previous month up to Tuesday)'을 뜻한다.

> (7) A top federal prosecutor in the District of Columbia was assigned **Wednesday** to investigate allegations that the director of a

newly opened charter school assaulted a Washington Times reporter who visited her school on **Tuesday**, a spokesman for U.S. Attorney Eric H. Holder Jr. said. . . . Ferrechio and African-American police officers who went into the school with her said Wednesday that school staff members and students referred to her race repeatedly when trying to get her out of the school. . . . Ferrechio, who went to Garvey to research an article on charter schools, stood by her story. The legal pad she was using was from the Times and full of 30 pages of notes she'd taken over the last month, she said. Anigbo grabbed for it, Ferrechio said, and wrestled it away as students and staff members surrounded Ferrechio, kicking and pushing her and pulling at her arms. (1996 LATWP)

(7)은 문법책에서는 불가능하다고 설명한 용례인데, 아래 [표 6-4]에 나타난 것처럼 비지시적 관점에서 'previous'의 의미로 사용된 last는 3개가 관찰되었다.

[표 6-4] 과거완료와 함께 사용된 '(the) last + 시간명사'에서 last의 의미

	most recent (가장 최근의)	past (지난)	previous (바로 앞의)	final (마지막의)	합계
Brown	0	4	2	2	8
1996 LATWP	1	40	1	9	51
합계	1	44	3	11	59

그럼 이와 같이 '(the) last + 시간명사'가 과거완료와 사용될 수 있는 이유는 무엇일까? 총 59개의 해당 어구에서 'final'의 의미로 사용된 11개를 제외한 나머지 48개를 분석한 결과 '(the) last + 시간명사'는 다음 세 가지의 문맥에서 과거완료와 사용될 수 있다는 것을 발견하였다: Ⓐ

담화 얼리기(Discourse freezing), Ⓑ 자유간접문체(Free indirect style), Ⓒ 현실
과의 괴리(Difference in reality).

이미 3.3에서 설명한 바 있는 'Ⓐ 담화 얼리기'는 담화의 모든 문장을
가능한 한 시제의 축으로 표현하는 것인데, 위의 예시 중 (4)와 (6)에서
담화 얼리기로 인해 '(the) last + 시간명사'가 과거완료와 함께 사용되
었다. 이해를 돕기 위해 (4)와 (6)을 각각 아래 (8)과 (9)로 반복하였다.

(8) "Greg, I didn't think you'd make it," Bobby **said**, obviously happy to
see me. He **didn't** know the half of it. I'd promised him last month
that I **would** attend his retirement performance Mother's Day. That
was before I **was** sent on an assignment abroad. (1996 LATWP)

(9) The Kremlin bells **pealed** triumphantly and an artillery salute
echoed around this capital's skyscrapers and onion domes, but
nothing in Friday's inaugural festivities **could** disguise the stiff
walk and blurred speech of Russia's Boris N. Yeltsin as he **was**
sworn in as president for a second four-year term. . . . Indeed,
the grand inaugural originally planned had gradually been
whittled to the bare essentials over the last week. (1996 LATWP)

(8)과 (9)에서 '(the) last + 시간명사'가 포함된 문장을 제외한 다른
모든 문장은 과거 시제로 서술되어있다. 따라서 담화의 응집력을 높이기
위해 '(the) last + 시간명사'가 포함된 문장도 과거 시제 축에 포함된
과거완료로 서술한 것이다. 아래 [표 6-5]는 '(the) last + 시간명사'가 과
거완료와 사용될 수 있는 세 가지 문맥의 분포를 정리한 것인데, 담화
얼리기가 압도적으로 높은 비율을 차지하고 있는 것을 볼 수 있다.

[표 6-5] '(the) last + 시간명사'가 과거완료와 사용될 수 있는 세 가지 문맥

	담화 열리기 (Discourse freezing)	자유간접문체 (Free indirect style)	현실과의 괴리 (Difference in reality)	합계
Brown	4	2	0	6
1996 LATWP	38	1	3	42
Total	42	3	3	48

소설에서 주로 많이 사용되는 'ⓑ 자유간접문체'는 작가가 서술자의 관점이 아닌 등장인물의 관점에서 서술하는 문체이다. 예를 들어, (10)에서 과거시제와 함께 사용된 now와 (11)에서 과거완료와 함께 사용된 ago가 자유간접문체로 서술된 것이다.[73)

(10) They had stripped him of his musket and equipment and <u>now</u> they <u>were</u> pulling his boots and jacket off.

(11) Cheryl . . . had turned into such boring company; the suggestion that she come back to Robertson with Emma for a couple of days she treated as if she was being asked to take a canoe down the Limpopo. And to think that <u>only four years ago</u> her friend <u>had been </u>the epitome of sixth form rebellion.

다음은 <문학비평용어사전>에 수록되어있는 '자유간접화법(自由間接話法, Free indirect discourse)'에 대한 설명의 일부분인데 자유간접화법과 직접화법·간접화법과의 차이점이 상세히 기술되어 있다.[74)

---

73) Huddleston & Pullum(2002:1564)
74) 한국문학평론가협회(2006:729-730)

19세기 중엽 플로베르의 소설에서 본격적으로 나타난 현대 소설 특유의
문체로, 인물의 생각이나 말이 서술자의 말과 겹쳐져 이중적 목소리로
서술되는 화법을 가리킨다. 그 때문에 인물의 말인지 서술자의 말인지
분간하기 어렵다. 논자에 따라 '자유간접발화(free indirect speech)' 또
는 '자유간접문체(free indirect style)'라고도 한다. '의사직접화법(quasi-
direct discourse 또는 narration)'이라고도 한다.

흔히 인물의 말은 인용 부호를 사용한 직접 화법이나, 인용 부호 없이
"······했다고 하였다."는 식의 간접 화법으로 전달되는 것이 자유간접화
법 현상이 나타나기 전의 방식이었다. 그러나 자유간접화법은 인용부호
가 없다는 점에서 간접화법과 유사하고, 시제나 대명사는 간접화법처럼
변환되어 나타나기 때문에, 초기에는 비문법적인 현상으로 간주되기도
하였다. 이밖에 자유간접화법에서는 인물의 말 습관, 부사어 따위도 직
접 화법에서 쓰이는 그대로 쓰일 수 있다.

자유간접화법의 예를 간단히 들면 다음과 같다.
직접화법 : He said, "I love her now."
간접화법 : He said that he loved her then.
자유간접화법 : He loved her now.

(11)에서 only four years ago가 only four years before 대신 사용된 것
처럼 'the last + 시간명사'가 'the previous + 시간명사'의 뜻으로 사용
된 3개도 모두 자유간접문체에서 기인된 것이다. 소설이 아닌 신문기사
에서 사용되었지만 (7)의 over the last month도 자유간접문체에 기인된
것이며, 나머지 두 개((3)과 아래 (12))는 모두 Brown 코퍼스의 소설 장르
(Adventure and Western Fiction)에서 관찰되었다.

(12) Actually, the types of infection that could attack a warm-
blooded mammal were not infinite, and over the course of the last
few hundred years adequate defenses had been found for all

basic categories. He wasn't likely to come down with hot chills and puzzling striped fever. (Brown)

담화 얼리기와 자유간접문체의 가장 큰 차이점은 담화 얼리기에서는 last가 'most recent' 또는 'past'를 뜻하지만 자유간접문체에서는 last가 'previous'를 뜻한다는 것이다. 다시 말해, 자유간접문체는 담화 얼리기와 달리 지시적 변화(deictic shift)를 수반한다.

'(the) last + 시간명사'가 과거완료와 사용될 수 있는 마지막 문맥은 'ⓒ 현실과의 괴리'이다. 이 문맥은 과거시제 축을 기점으로 하는 담화 얼리기와 달리 현재시제 축을 기점으로 한다. 예를 들어, 아래 (13)의 모든 문장은 현재시제 축과 관련된 시제로 서술되어 있다. 담화 얼리기를 사용하면 had become도 has become으로 바꿔야 하지만 현재완료를 사용하면 MTV가 더 이상 too structured되어 있지 않다는 담화의 핵심이 사라지게 된다.

(13) The move **comes** at a time when many in the record industry **are** puzzled by the decreasing sales of several recent albums by best-selling alternative rock groups. Andy Schuon, MTV's executive vice president of programming, **says** the channel had become too structured in the last few years. . . . "Our shift **allows** us, while we **wait** for the next big thing, to widen our net to be able to catch more things as we **look** ahead to '97 as a time of exploration in music. We**'re going to** be there to accelerate the next big thing." (1996 LATWP)

과거완료가 현실과 다른 상황을 나타내는 또 하나의 예는 had hoped 이다. (14)처럼 동사 hope가 과거완료로 사용되면 바라던 바가 이뤄지지 않았다는 것을 뜻한다.

> (14) I had hoped that Jennifer would study medicine, but she didn't want to.[75]

또한, 시제를 통하여 현실과의 괴리가 존재하지 않는다는 것을 나타
낼 수도 있다. (15)의 두 번째 문장에서처럼 간접화법에서는 시제 변화
(backshifting)가 발생하는 것이 정상이다. 하지만 현실과의 괴리가 존재하
지 않는다는 것(= government policy was and still is not to sell arms to sensitives
areas)을 나타내기 위해 첫 문장에서는 was 대신 is가 사용되었다.

> (15) A Foreign Ministry spokesman **said** government policy is not to
> sell arms to sensitive areas. But he **said** his country **needed** the
> income to convert arms factories to non-military production.[76]

현실과의 괴리를 나타내는 과거완료와 함께 사용된 last는 모두 'past'
의 의미를 가진다. 이유는 현실은 모두 현재시제 축을 기점으로 서술되
기 때문이다. (16)과 (17)은 현실과의 괴리를 나타내는 과거완료와 함께
사용된 'the last + 시간명사'의 나머지 두 토큰을 담고 있는 담화이다.
(13)과 달리 이 두 담화는 현재시제와 과거시제가 혼용되어 있지만 전체
담화는 현재시제 축을 기점으로 하고 있다.

---

75) Swan(2016: entry 490)
76) Thompson(1994:109)

(16) Congress first embarked in 1990 on what has become an annual debate over whether and how to renew China's trade benefits. For the last five years, Gephardt had favored less drastic approaches than revocation, such as granting China an extension of the benefits but with conditions attached to further renewals. However, in a letter to Secretary of State Warren Christopher released Friday, Gephardt said he **has concluded** that "the Chinese **are** not responding in a meaningful way" to American complaints over trade, human rights and the proliferation of dangerous weapons. "This year . . . the entirety and enormity of China's actions **have led** me to embrace a more aggressive approach," he explained. (1996 LATWP)

(13)과 마찬가지로 (16)에서도 had favored 대신 현재완료를 사용하면 Gephardt는 더 이상 'less drastic approaches'를 선호하지 않는다는 담화의 핵심이 사라지게 되고, 아래 (17)에서도 had shied 대신 현재완료를 사용하면 Keeshan은 더 이상 TV 방송을 멀리하지 않는다는 담화의 핵심이 사라지고 만다.

(17) Captain Kangaroo **is** back. Not only **is** Bob Keeshan out on the book-tour circuit promoting "Good Morning Captain," but he'**s** confident that soon he will be making his TV comeback. Thursday **marks** the 41st anniversary of the premiere on CBS of "Captain Kangaroo," the beloved 8 a.m. children's hour that ran until 1984 (and continued, in excerpts, on PBS in 1991-92). The story of Keeshan's life and career, he played Clarabell on NBC's "Howdy Doody," **is** chronicled, photo-album-style, in his new book from Fairview Press celebrating 50 years in show business. Keeshan, 69, moved from New York to Vermont after

the show stopped production. But **don't** ever suggest to Keeshan that he's retired. "I don't know what retirement is," he said in a phone interview from Washington, D.C. "This is my fifth book in 20 years." Keeshan **is** also in the middle of negotiating for as many as three TV series. "You may have heard that there's a mandate for more children's shows on television," Keeshan said of the Federal Communications Commission's recent adoption of a three-hour weekly minimum of kids' programming for broadcast TV stations to qualify for license renewal. "The networks and syndicators have been falling over themselves to get me back on the air," said Keeshan, who **expects** to announce a deal in the next few months that would return "Captain Kangaroo" to network TV. He's also talking to syndication production companies and cable channels about two other shows featuring characters Keeshan would create and play on the air. Keeshan had shied away from television the last few years because of the declining health of his wife, Jeanne. She died last year. "Writing children's books allowed me to stay with her," he said. (1996 LATWP)

6.2.4. 결론

Brown 코퍼스와 1996 LATWP 코퍼스에는 last가 총 27,478회 출현하였고, '(the) last + 시간명사'가 과거완료와 함께 사용된 경우는 59회로 관찰되었다. 이 중 무관사 Ø가 사용된 경우는 1회만 발견되었다. 과거완료와 함께 사용된 59개의 '(the) last + 시간명사'를 분석한 결과, 해당 어구에서 last는 most recent, past, previous, final의 네 가지 의미로 사용된다는 것을 확인하였다.

또한 '(the) last + 시간명사'는 담화 얼리기(Discourse freezing), 자유간접

문체(Free indirect style), 현실과의 괴리(Difference in reality)의 세 가지 문맥에서 과거완료와 함께 사용될 수 있다는 결론을 도출하였다. 이 세 가지 문맥의 핵심과 각 문맥에서 사용된 last의 의미를 정리하면 다음과 같다.

ⓐ 담화 얼리기(Discourse freezing)
　1. 담화의 거의 모든 문장이 과거시제 축을 기점으로 서술되어있다.
　2. last는 'most recent(가장 최근의)' 또는 'past(지난)'의 의미를 갖는다.
ⓑ 자유간접문체(Free indirect style)
　1. 주로 소설에서 사용되며 지시적 변화(deictic shift)를 수반한다.
　2. last는 'previous(바로 앞의)'의 의미를 갖는다.
ⓒ 현실과의 괴리(Difference in reality)
　1. 담화의 거의 모든 문장이 현재시제 축을 기점으로 서술되어있다.
　2. last는 'past(지난)'의 의미를 갖는다.

6.3. (the) last/next time의 코퍼스 분석[77]

6.3.1. 연구의 배경과 연구 문제

6.1.절에서 설명한 후치한정사 last와 next의 특징을 다시 정리해보면 다음과 같다 (1), (2)에서처럼 last와 next가 비시간명사(non-temporal noun)와 함께 사용될 때는 정관사(또는 소유한정사나 지시한정사)를 꼭 사용해야 한다.

(1) a. *This is Ø last book.
　　b. This is the last book.

---

77) 이 글은 Yoo(2007b)에서 논의된 일부분을 다시 구성하고 보완하는 방식으로 작성되었다.

(2) a. *You have to get on Ø next bus.

    b. You have to get on the next bus.

하지만, last와 next가 단수 시간명사(singular temporal noun)와 함께 사용될 때는 (3), (4)에서처럼 무관사 또는 정관사와의 결합이 모두 가능하다.

(3) a. I came to Cambridge Ø last year.

    b. I've been in Cambridge for the last year.

(4) a. Two weeks ago Frank said he would return Ø next Monday.

    b. Two weeks ago Frank said he would return the next Monday.

(3), (4)에서 중요한 것은 정관사가 사용되면 시간 명사구의 뜻이 바뀐다는 것이다. Ø last year는 '작년'을 뜻하지만 the last year는 '지난 12개월'을 뜻한다. Ø next Monday는 '다음 주 월요일'을 뜻하지만 the next Monday는 '(2주 전의) 그 다음 주 월요일'을 뜻한다.

그런데 last와 next가 (5), (6)에서처럼 time과 함께 사용되었을 때는 the와 결합해도 시간 명사구의 뜻이 변하지 않는다.

(5) The last time I saw her, she was still in grad school.

    = Ø Last time I saw her

(6) The next time police saw her, she was dead. (Brown)

    = Ø Next time police saw her

왜 last/next time은 정관사와 결합하였을 때 뜻이 변하지 않을까? 어떤 문법책이나 사전도 이에 대한 설명을 하고 있지 않다. 간혹 사전에서 (the) last/next time에 대해 언급한 것을 찾을 수 있는데 실제 사용되는 용법과 다르게 서술되어 있다. 예를 들어, Brown 코퍼스에서 발췌한 예문인 (6)은 The next time으로 되어 있는데, Longman Dictionary of English Language and Culture(1992:898)에서 next를 찾아보면 next time앞에는 the가 사용되지 않는다고 명시하고 있다.

(7) (without *the*) Next time you see her, give her my best wishes.

그리고 같은 사전에서 last를 찾아보면 last time 앞에는 the를 사용하지 않는다는 설명이 없다는 것을 확인할 수 있다. 동일한 사전에서 왜 last time과 next time을 일관성 있게 다루고 있지 않을까? Next time 앞에 the가 사용되지 않는다는 Longman 사전의 주장은 구어에만 적용되는 것일까? 이와 같은 의문점들을 해결하기 위해 본 연구에서는 다음 두 개의 연구문제를 조사한다.

1. last/next time은 얼마나 자주 Ø 또는 the와 함께 사용될까?
2. Ø last/next time과 the last/next time은 문어체와 구어체에서 다른 분포를 보일까?

6.3.2. 코퍼스 자료 수집

위 두 가지 연구 문제를 조사하기 위해 last/next time을 우선 Brown 코퍼스에서 추출해 보았다. 그 결과 총 18개의 (the) last/next time이 발견되었는데 이 중에서 the last time은 8회, Ø last time은 2회, the next time은 5회, Ø next time은 3회 출현하였다. 18개의 (the) last/next time은 연구 문제를 조사하는데 충분하지 않으므로 1996 Los Angeles Times and Washington Post(1996 LATWP) 코퍼스(약 2천2백만 단어)에서 (the) last/next time을 추출하기로 결정하였다.

1996 LATWP 코퍼스는 문어 코퍼스(written corpus)이므로 구어에서 사용된 (the) last/next time를 추출하기 위해 다음 5개의 구어 코퍼스(spoken corpus)를 사용하였다.

ⓐ Switchboard Corpus(SwB) : 3백만 단어
ⓑ Corpus of Spoken Professional American English(CSPAE) : 2백만 단어
ⓒ Michigan Corpus of Academic Spoken English(MICASE) : 1.7백만 단어
ⓓ Santa Barbara Corpus of Spoken American English-Part 1 : 0.21백만 단어
ⓔ UCLA Oral Corpus : 0.12백만 단어

1996 LATWP 코퍼스에서는 last time, next time 모두 지시한정사 또는 소유한정사와 함께 사용된 예문이 관찰되지 않았다. 구어 코퍼스에서도 소유한정사와 함께 사용된 last/next time은 관찰되지 않았다. 그러나 15개의 last time과 2개의 next time이 지시한정사와 사용되었고 각각의 예는 다음과 같다.

(8) I think it's cuz like, that last time I don't think we did a lot on
    the homework, if I remember right. (MICASE)
(9) [T]his last year was ten percent. This next time it's zero. (SwB)

정관사 대신 소유한정사와 지시한정사가 last/next time과 사용될 수 있는 이유는 관사, 소유한정사, 지시한정사 모두 중치한정사(central determiner)이기 때문이다. 하지만 소유한정사, 지시한정사와 함께 사용된 last/next time은 본 연구의 범위를 벗어나므로 자료 분석에서 배제하였다.

6.3.3. 자료 분석

1996 LATWP 코퍼스에서는 총 230개의 (the) last time이 출현하였다. 그 중 the last time은 180회(78%)가 관찰되었고 Ø last time은 50회(22%) 관찰되었다. 각각의 예는 다음과 같다.

(10) <u>The last time</u> a speaker of the House came under this kind of scrutiny was largely the result of Gingrich's own efforts.

(11) You might say we have the worst economy this century, which <u>Ø last time</u> we looked included the Great Depression.

(the) next time은 문어 코퍼스에 총 103회 출현하였다. 그 중 the next time은 51회 관찰되었고 Ø next time은 52회 관찰되었다. 따라서 4분의 3 이상의 last time이 the와 함께 사용된 반면 next time은 50%만이 the와 함께 사용되었다. the next time과 Ø next time의 예문은 다음과 같다.

(12) Zyuganov . . . might end up sitting alone with Clinton, at a summit of two presidents, <u>the next time</u> they meet.

(13) Try it <u>Ø next time</u> you visit a friend with a fast, spanking new computer.

아래 [표 6-6]은 last time과 next time이 각각 the 또는 Ø와 사용된 분포를 정리한 것이다. 이 분포는 카이스퀘어 검증(chi-squared test)을 통해 통계적으로 유의미한 것으로 나타났다.(부록 1 참조)

[표 6-6] 1996 LATWP 코퍼스에 출현한 (the) last/next time의 분포(x^2 = 27.67, p 〈 .001)

	last time		next time	
	빈도수	백분율	빈도수	백분율
the	180(121)	78%	51(34)	50%
Ø	50(34)	22%	52(35)	50%
합계	230(155)	100%	103(69)	100%

(괄호 속 숫자는 1천5백만 단어 기준으로 표준화(normalize)된 빈도수이다.)

문어 코퍼스(1996 LATWP 코퍼스)의 총 어휘 수는 2천2백3십만 단어이고, 구어 코퍼스 5개를 합친 총 어휘 수는 7백3만 단어이다. 따라서, 각 코퍼스에서 추출된 자료의 원 빈도수(raw frequency counts)를 직접 비교하려면 표준화된 빈도수(normalized frequency counts)를 참고하는 것이 용이하다.[78]

[표 6-6]의 괄호 속 숫자는 모두 문어 코퍼스와 구어 코퍼스를 합친 어휘 수의 대략적인 평균인 1천 5백만 단어 기준으로 표준화된 빈도수인데, 각 표준 빈도수를 계산한 공식은 다음과 같다.

(원 빈도수 ÷ 코퍼스 총 어휘수) x 두 코퍼스 어휘 수의 평균 = 표준 빈도수
예: (180 ÷ 22,300,000) x 15,000,000 = 121.08

아래 [표 6-7]은 구어 코퍼스에 출현한 (the) last/next time의 분포를 정리한 것이며, 이 분포는 카이스퀘어 검증(chi-squared test)을 통해 통계적으로 유의미한 것으로 나타났다.(부록 2 참조) [표 6-7]의 괄호 속 숫자도 모두 위 공식에 의해 도출된 표준 빈도수이다. 두 표의 원 빈도수를 비교해보면 문어 코퍼스와 구어 코퍼스에서 (the) last/next time이 출현하

78) Biber, Conrad & Reppen(1998:263-264)

는 빈도수가 비슷한 것 같지만 표준화된 빈도수를 비교해 보면 (the) last time과 (the) next time 모두 구어 코퍼스에서 4배 이상 빈번하게 출현한다는 것을 알 수 있다.

[표 6-7] 구어 코퍼스에 출현한 (the) last/next time의 분포(x^2 = 6.98, p ⟨ .01)

	last time		next time	
	빈도수	백분율	빈도수	백분율
the	170(363)	56%	58(124)	42%
Ø	134(286)	44%	79(169)	58%
합계	304(649)	100%	137(293)	100%

(괄호 속 숫자는 1천5백만 단어 기준으로 표준화(normalize)된 빈도수이다.)

[표 6-7]에 나타난 것과 같이 구어 코퍼스에는 총 304개의 (the) last time이 출현하였다. 그 중 the last time은 170회(56%)가 관찰되었고 Ø last time은 134회(44%) 관찰되었다. 문어 코퍼스에서는 the last time의 출현 빈도(180회, 78%)가 Ø last time의 출현 빈도(50회, 22%)보다 압도적으로 높게 나타났다. 구어 코퍼스에서도 the last time의 출현 빈도가 Ø last time의 출현 빈도 보다 높게 나타났지만 그 차이는 불과 10%정도에 그치고 있다. 구어 코퍼스에서 관찰된 the last time과 Ø last time의 예문은 다음과 같다.

(14) Uh now of course the last time I listened to anything was on Sunday. (SwB)
(15) [Y]ou know, Ø last time I checked like, God wasn't black or white . . . (MICASE)

(the) next time은 구어 코퍼스에 총 137회 출현하였다. 그 중 the next time은 58회(42%)가 관찰되었고 Ø next time은 79회(58%) 관찰되었다. 따라서 문어 코퍼스에서는 next time이 the 또는 Ø와 함께 사용될 확률이 동일하였지만, 구어 코퍼스에서는 next time이 Ø와 결합할 확률이 the와 결합할 확률보다 높게 나타났다. 구어 코퍼스에서 관찰된 the next time과 Ø next time의 예문은 다음과 같다.

(16) Not with me, but I can bring it <u>the next time</u> that we meet. (CSPAE)

(17) Because when you watch TV. I mean think about this <u>Ø next time</u> that you watch TV cuz, cuz I think you'll um, you'll notice . . . (MICASE)

구어 코퍼스에 출현한 (the) last/next time의 전체적인 분포에서 흥미로운 점은 (the) last time의 분포와 (the) next time의 분포가 거의 정확히 반비례한다는 것이다. last time은 the와 함께 출현할 확률(56%)이 높은 반면 next time은 Ø와 함께 출현할 확률(58%)이 높은 것으로 나타났다.

6.3.4. 결론

1996 LATWP 코퍼스와 MICASE를 포함한 5종의 구어 코퍼스에서 추출한 (the) last/next time를 분석한 결과 다음 세 가지의 결론을 도출하였다.

1. last time은 문어와 구어에서 모두 the와 결합할 확률이 높다.
2. next time은 구어에서 Ø와 결합할 확률이 높다.
3. last time이 next time보다 the와 결합할 확률이 높다.

서론에서 제시된 "왜 Longman 사전은 next time 앞에만 the가 사용되지 않는다고 명시하였을까?"에 대한 대답은 위 세 가지 결론에서 간접적으로나마 찾을 수 있다. 결과적으로 last time은 문어와 구어에서 모두 the와 결합할 확률이 높은 것으로 나타났고, 구어 코퍼스에 출현한 next time만이 Ø와 결합할 확률이 높은 것으로 나타났기 때문이다. 그러나 문어에서는 the next time과 Ø next time이 거의 동일한 횟수로 출현하였고, 구어에서도 40% 이상의 next time이 the와 함께 사용되었으므로 next time이 the와 함께 쓰이지 않는다는 Longman 사전의 설명은 타당하지 않은 것으로 결론지을 수 있다.

그런데 위 세 가지 결론은 가장 본질적인 질문인 "왜 last/next time은 정관사와 결합하였을 때 뜻이 변하지 않을까?"에는 어떠한 답도 제시하지 않는다. 사실 어떤 코퍼스 분석도 "왜?"에 관한 대답은 제시하지 않는다. 모두 현상만을 다루기 때문이다. "왜?"의 해답을 찾기 위해서는 [표 6-5]에서처럼 연구자가 현존하는 이론을 응용하거나 새로운 이론을 정립하여 자료를 분석해야 한다.

또는 본고에서처럼 통용되는 개념을 세분화하고 재정립하여 "왜?"에 관한 해답을 도출할 수도 있다. time은 year 또는 Monday와 같은 여느 시간명사와 개념적으로 다른 면이 있다. year와 Monday는 각각 특정한 기간과 특정한 시점을 지칭하지만 time은 '불특정한' 기간 또는 시점을 지칭한다. last/next time이 정관사와 결합하였을 때 뜻이 변하지 않는다는 사실은 time이 여느 시간명사와 다르다는 것을 보여준다. 또한 last/next time이 무관사와 결합할 수 있다는 것은 time이 book, bus와 같은 여느 비시간명사(non-temporal noun)와도 다르다는 것을 보여준다. 따라서 time은 시간명사와 비시간명사의 중간형인 유사 시간명사(quasi-temporal noun)임을 상정할 수 있다.[79]

time은 유사 시간명사이므로 last/next time이 정관사와 결합하였을 때 뜻이 변하지 않는다는 설명은 다소 즉석에서 고안된(ad hoc) 주장이라고 느껴질 수 있다. 그런데 time과 함께 시공(時空)을 나누는 기본 개념을 지칭하는 단어 place도 장소를 나타내는 여느 명사와 다르게 사용된다. 아래 예문에 나타난 바와 같이 place가 to live의 꾸밈을 받을 때는 전치사 in이 불필요하지만, house와 apartment는 in이 꼭 필요하다.[80]

(18) John found a place/*house/*apartment to live.
→ John found a house to live in.
→ John found an apartment to live in.

place와 time의 공통점은 지칭의 대상이 모두 불특정하다는 것이다. house, apartment와 달리 place는 불특정한 공간·장소를 가리킨다. 따라서 place는 불특정한 공간·장소를 지칭하기 때문에 in과 선택적으로 결합할 수 있고, time은 불특정한 기간·시점을 지칭하기 때문에 the와 선택적으로 결합할 수 있다고 설명할 수 있다.

---

79) 자세한 내용은 Yoo(2007:100-101) 참고.
80) Barrie & Yoo(2017:504)

제7장 중국어 코퍼스와 R 프로그램 활용 방법

　본 장에서는 중국어 코퍼스 분석을 위한 온라인 코퍼스 자료를 소개하고 R 프로그램을 사용하여 어떻게 분석할 수 있을지를 논의하기로 한다.

7.1. 중국어 코퍼스 자료

　2000년대 이후로 중국의 주요 대학이나 연구소에서는 다양한 형태의 코퍼스 자료를 구축하여 그 전부 또는 일부를 공개하고 있다. 코퍼스 자료는 저장매체를 통해 파일 형태로 배포되기도 하지만 대부분 온라인 검색 시스템 형태로 일반인들에게 공개되어 있다. 아래에서는 중국어 연구자들에게 비교적 친숙한 자료를 중심으로 그 특징을 소개하기로 하겠다.

7.1.1. 북경대학 중국어 연구센터 코퍼스(CCL)

　이 코퍼스는 북경대학 중국어 연구센터(北京大学汉语研究中心)에서 개발된 것이다. CCL 코퍼스는 그 규모가 7억 한자 정도이며 크게 현대중국어(現代汉语) 자료와 고대중국어(古代汉语) 자료로 나누어진다.[81]

① 현대중국어 코퍼스:

http://ccl.pku.edu.cn:8080/ccl_corpus/index.jsp?dir=xiandai

현대중국어 코퍼스는 1920년대부터 2000년대까지의 문학작품, 신문, 교과서, 학술서적, 인터넷문서 등이 수록되어 있다. 문학작품은 노신(魯迅), 노사(老舍), 파금(巴金) 등의 작품에서부터 여화(余華), 왕삭(王朔) 등의 작품이 포함된다. 신문 자료는 중국의 관영기관지인 ≪인민일보(人民日報)≫를 비롯하여 주요 언론사 신문이 포함되어 있다. 이밖에도 중국의 초중등학교 교과서 자료, 인문사회과학 분야의 학술 자료, 인터넷 문서 등이 수록되어 있다. 용례에 대한 검색은 아래의 화면처럼 제시되며 내려받기가 가능하다.

[그림 7-1] CCL 코퍼스(현대중국어) 검색화면

---

81) 중국 대륙의 코퍼스는 모두 간체자로 구축되어 있다. 이에 본서에서도 중국 대륙 관련 코퍼스 명칭은 간체자로 제시하였다.

② 고대중국어 코퍼스:

http://ccl.pku.edu.cn:8080/ccl_corpus/index.jsp?dir=gudai

고대중국어 코퍼스에는 선진(先秦) 시기의 ≪시경(诗经)≫, ≪춘추(春秋)≫, ≪좌전(左转)≫, ≪논어(论语)≫, ≪맹자(孟子)≫에서부터 청대(清代)의 ≪홍루몽(红楼梦)≫, ≪유림외사(儒林外史)≫, ≪아녀영웅전(儿女英雄传)≫, ≪경화연(镜花缘)≫ 등에 이르기까지 연대별 문헌이 수록되어 있다. 용례 검색 화면은 현대중국어와 유사하다.

[그림 7-2] CCL 코퍼스(고대중국어) 검색화면

북경대 CCL 코퍼스는 인터넷을 통해 자유롭게 검색이 가능하다. 원하는 단어나 표현의 용례를 검색창에 입력하고 찾기 버튼을 누르면 해당 결과가 화면에 제시된다. 이 밖에도 몇 가지 고급검색 기능을 제공한다. 예를 들어 단어 사이의 거리를 지정할 수 있고, 코퍼스의 종류를 선택할

수 있으며, 특정 저자의 작품이나 특정 장르(예, 문학, 산문, 구어 등)의 자료
만을 검색할 수 있고, 특정 패턴(ABB, A来A去 등)을 검색할 수 있으며, 좌
우 문맥의 거리를 글자 단위로 지정하여 검색할 수도 있다. 예를 들어
'(已经)$5(了)'라고 하면 '已经(이미)'과 '了(완료)'가 5글자 이내의 거리(span)
에서 인접하여 동시에 출현하는 용례를 찾을 수 있다. "已经走了(이미 갔
다)", "已经结束了(이미 끝났다)" 등이 그 결과로 제시된다. 만약 "(已经)$5(了)
type:文学"라고 입력하면 검색의 범위를 문학 작품으로 한정하게 되어
문학 작품에서 출현하는 단어의 용례만을 찾아 주기도 한다.

북경대학의 코퍼스는 중국 어학 연구용 참고자료로 활용하기 위해 개
발된 것으로 다양한 분야의 텍스트가 수록되어 있으며 검색 방법도 비
교적 간단하다. 그래서 많은 중국어학 전공자들이 이 코퍼스를 사용하여
예문을 조사하고 연구에 활용하고 있다. 저장 형식이 텍스트(*.txt) 형식
이라서 빠르고, 코퍼스의 번호와 출처(저자, 작품명, 장르 등)를 제공하기 때
문에 여러 가지로 편리한 자료임에는 틀림없다.

그러나 CCL 코퍼스는 몇 가지 측면에서 한계를 가지고 있는 것도 사
실이다. 무엇보다도 이 자료는 품사 표기가 안 된 원시 코퍼스(raw corpus)
라는 한계를 가지고 있다. 따라서 자료의 검색이 기본적으로 글자 단위
로 이루어지므로 우리가 원하지 않은 결과를 얻을 경우도 있다. 예를 들
어 전치사 '把'를 찾고 싶은데 '把握(파악하다, 이해하다)', '三把刀(세 자루의
칼)' 등이 나오거나, '都(모두)'를 찾을 때 '都市(도시)', '首都(수도)', '成都(성
도)' 등의 용례가 같이 검색되는 단점이 있다.

7.1.2. 북경어언대학 빅데이터 언어교육연구소 코퍼스(BCC)

BCC 코퍼스는 북경어언대학 빅데이터 언어교육연구소(北京语言大学大数据与语言教育研究所)에서 개발된 것이다. 이 코퍼스의 규모는 150억 한자로서 방대한 용례를 제공한다. BCC 코퍼스는 크게 다영역(10억자), 신문(20억자), 문학(30억자), 웨이보(微博: 30억자), 학술(30억자), 고대중국어(20억자), HSK(중국어능력검정시험) 작문 자료, 인민일보 연도별 자료(7억자)로 나누어진다.

① BCC 중국어 코퍼스

http://bcc.blcu.edu.cn/zh/cid/0(다영역)
http://bcc.blcu.edu.cn/zh/cid/1(문학)
http://bcc.blcu.edu.cn/zh/cid/2(신문)
http://bcc.blcu.edu.cn/zh/cid/3(웨이보(微博))
http://bcc.blcu.edu.cn/zh/cid/4(학술)

BCC 중국어 코퍼스는 단어 분리와 품사 표기가 되어 있어서 글자 단위 검색, 단어 단위 검색, 품사 단위 검색이 가능하다. 그리고 해당 용례의 사용빈도를 보여줄 뿐만 아니라 특정한 패턴에 대한 통계정보도 보여준다.

[그림 7-3] BCC 코퍼스 검색화면

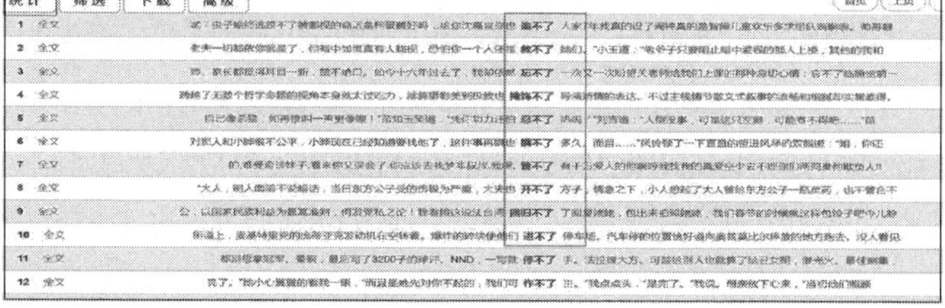

그림에서 보이듯이 BCC 코퍼스는 와일드 카드 검색이 가능하여 임의의 문자나 임의의 단어 결합 정보를 찾을 수 있다. 예를 들어 'v不了'라고 검색하면 '동사(v)＋不了(~할 수 없다)' 형태의 용례가 제시된다.

BCC 코퍼스 검색 화면에서 통계 기능을 선택하면 해당 용례에서 유형별 사용빈도를 확인할 수도 있다. 아래의 그림을 보자.

[그림 7-4] BCC 코퍼스 패턴 통계 기능

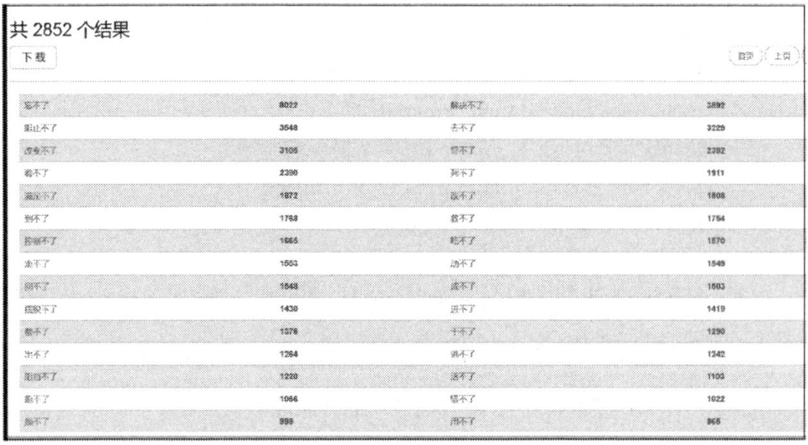

또한 BCC 코퍼스에서는 두 표현에 대한 비교(对比) 기능이 있다. 예를 들어 "나는 ~을 먹고 싶다(我想吃~)"라는 표현과 "나는 ~을 보고 싶다(我想看~)"라는 표현을 검색하여 그 패턴을 비교할 수 있다. 아래의 그림은 "我想吃n"과 "我想看n"을 비교한 결과를 단어 구름(word cloud) 형태로 제시한 것이다. 코퍼스 용례를 시각화하는 방법 중에 단어 구름(word cloud)을 활용하는 방법은 텍스트에서 출현빈도가 높은 단어는 크게 나타내고 출현빈도가 낮은 단어는 작은 글씨로 나타내는 방식이다. 단어 구름은 일정한 공간 안에 단어의 크기에 따라 텍스트에서 차지하는 비율

을 간접적으로 보여준다.

[그림 7-5] BCC 코퍼스 패턴 비교 기능

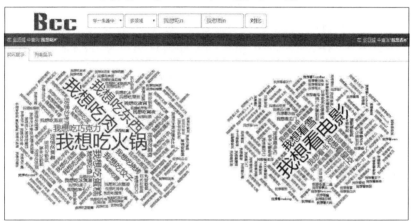

② ≪인민일보≫연대별 자료 검색 코퍼스(历史检索)[82]

http://bcc.blcu.edu.cn/hc(인민일보 1949년~2015년)

BCC 历史检索 코퍼스는 1949년~2015년 사이에 발행된 ≪인민일보≫ 자료를 기초로 한다. 이 코퍼스는 모두 7억자 정도의 규모이고 어휘는 328,000여 개에 달한다. ≪인민일보≫는 중국 정부와 중국 공산당의 중앙 기관지이다. 국가의 중앙기관지인만큼 ≪인민일보≫는 중국 공산당과 정부의 주요 이념, 정책을 반영한다. 또한 공식 기관지로서 ≪인민일보≫ 는 중국 정부의 규범적인 어휘와 문장을 대표한다.

BCC 코퍼스 검색 시스템은 ≪인민일보≫ 용례에 대한 연도별 변화 추세를 보여주는 기능을 제공한다. 시계열(time series) 정보가 제공되는

---

82) <인민일보> 연대별 자료 검색 코퍼스에 더 자세한 내용은 강병규(2016)을 참고하기 바람.

새로운 형태의 중국 신문코퍼스는 시간이라는 독립변수에 따라 개별어
휘라는 종속변수가 어떻게 변화하는지를 관찰할 수 있다.

예를 들어 '改革(개혁)'이라는 연도별 단어의 절대빈도는 아래의 그림
과 같이 나타낼 수 있다. ≪인민일보≫에서 '改革(개혁)'이라는 단어는
1992년도에 22,539회로 가장 많이 사용되었다. 이는 이 시기에 개혁이라
는 단어가 중국 사회 전반에서 화두가 되었음을 간접적으로 반영한다.

[그림 7-6] BCC 코퍼스(연도별 빈도) 검색 화면

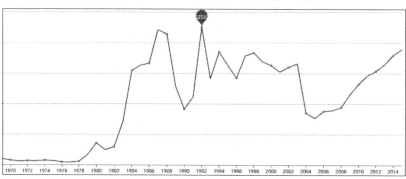

시간의 흐름에 따라 언어의 변화 양상을 보여주는 코퍼스 검색 기능
은 BCC 历史检索 코퍼스의 중요한 특징 중의 하나이다. 이러한 기능을
사용하면 시대별로 어떠한 어휘가 많이 사용되었는지를 파악할 수 있다.
예를 들어 중국 신문에서 '革命(혁명)'과 '改革(개혁)'이라는 어휘의 사용빈
도는 시대별로 일정한 차이를 보인다. 20세기 신중국(新中国) 초기는 혁명
의 시기라고 해도 과언이 아니다. 사회주의 혁명, 문화대혁명, 무산계급
혁명 등 혁명으로 대표되는 굵직한 사건들이 발생했다. 이를 반영해 주
는 것이 ≪인민일보≫에서 관찰되는 '革命(혁명)'에 대한 사용빈도이다.
그림에서 보이듯이 '革命(혁명)'은 1966년~1977년 시기에 사용빈도가 급

격히 높아졌다가 점차 낮아진다. 이는 바로 문화대혁명 시기에 '혁명'과
관련된 다양한 어휘들의 파생된 것과 무관하지 않다.

[그림 7-7] '革命(혁명)'의 사용빈도 변화

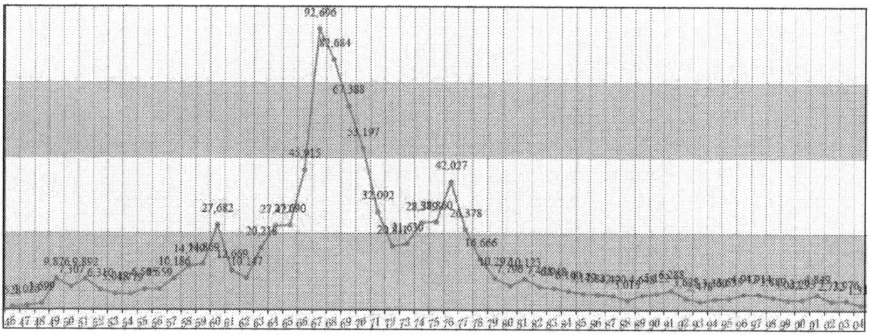

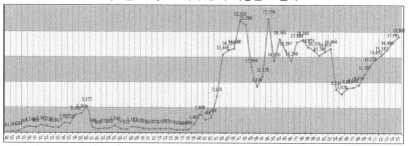

이와는 상대적으로 '改革(개혁)'이라는 단어는 1980년대 이후에 높은 빈
도로 출현한다. 개혁 개방이 공표되고 나서 '혁명' 보다는 '개혁'이라는
단어가 신문에서 증가하는 것을 알 수 있다.

[그림 7-8] '改革(개혁)'의 사용빈도 변화

한편 20세기 후반부터 중국의 부상과 함께 주목할 만한 단어는 '崛起
(굴기)'이다. 이 단어도 신중국 초기에는 사용빈도가 낮았다. 그러다가 중
국 경제가 발전하고 강대국으로 부상하면서 이러한 현상을 표현하는 개

넘어로서 '崛起(굴기)'라는 단어가 자주 사용된다.

[그림 7-9] '崛起(굴기)'의 사용빈도 변화

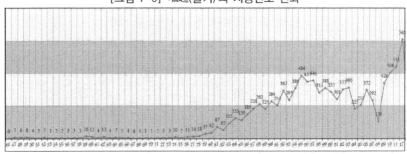

7.1.3. 중국 언어문자응용위원회 코퍼스(CN)
http://www.aihanyu.org/cncorpus/index.aspx

CN 코퍼스는 중국 교육부 산하 언어문자응용위원회(国家语言文字应用委员会)가 주관하여 구축한 현대 중국어 자료이다. 북경대학 CCL 코퍼스나 북경어언대학 BCC 코퍼스가 대학 연구소에서 만들어진 것에 비하여 이 코퍼스는 중국 교육부가 주관하여 구축한 자료이다.

CN 코퍼스는 총 7,000만자에 달한다. 규모만 놓고 보자면 7억 한자 규모의 CCL 코퍼스나 150억 한자 규모의 BCC 코퍼스보다 훨씬 적다. 그러나 CN 코퍼스는 원시코퍼스가 아닌 품사 분석 코퍼스이다. 코퍼스에 품사 정보가 부가되고 연구자의 수정을 거친 코퍼스로는 규모가 적지 않다고 할 수 있다. 품사 부착이 된 코퍼스로 7,000만자라는 것은 언어 연구용으로도 충분히 큰 자료이다.

중국 국가 코퍼스는 현대 중국어의 글자, 단어, 통사, 의미 등의 여러 특징을 객관적으로 고찰하기 위해서 구축되었다. 뿐만 아니라 코퍼스에 기초하여 중국어의 문자 규범을 제정하고 어휘와 문장의 규범도 확립하고자 하는 목적도 담겨 있다.

현재 인터넷에 공개된 CN 코퍼스는 2,000만 한자 규모이다. 일반 연구자들은 인터넷상에서 품사 분석이 된 2,000만자 자료에 대해서만 용례 검색을 할 수 있다. 아래의 그림은 중국 국가 코퍼스의 검색 화면을 보여준다.

[그림 7-10] CN 코퍼스의 검색 화면

CN 코퍼스의 검색은 글자 단위 또는 단어 단위로 검색이 가능하다. 그리고 검색 결과를 원문 형태의 파일로 저장할 수도 있고 품사 정보가 부가된 형태로 저장할 수도 있다.

7.1.4. 대만중앙연구원 코퍼스(SINICA)

이 코퍼스는 대만 중앙연구원(台灣中央研究院)에서 구축한 것으로서 SINICA 코퍼스로 불린다. 온라인으로 제공되는 코퍼스 검색시스템은 각각 고대중국어(上古漢語), 중세중국어(中古漢語), 근대중국어(近代漢語), 현대중국어(現代漢語)로 나누어진다.[83]

① 고대중국어 코퍼스(上古漢語標記語料庫)
http://lingcorpus.iis.sinica.edu.tw/cgi-bin/kiwi/akiwi/kiwi.sh
(선진(先秦)시기 ~ 서한(西漢)시기)
② 중세중국어 코퍼스(中古漢語標記語料庫)
http://lingcorpus.iis.sinica.edu.tw/cgi-bin/kiwi/dkiwi/kiwi.sh
(동한(東漢) 시기 ~ 위진남북조(魏晉南北朝) 시기)
③ 근대중국어 코퍼스(近代漢語標記語料庫)
http://lingcorpus.iis.sinica.edu.tw/cgi-bin/kiwi/pkiwi/kiwi.sh
(당오대(唐五代) 시기 ~ 청대(清代) 시기)
④ 현대중국어 균형 코퍼스(現代漢語平衡語料庫)
http://asbc.iis.sinica.edu.tw/ (현대 시기)

대만 중앙연구원의 SINICA 코퍼스는 1990년부터 연구 개발이 시작되어 1996년에 최초로 인터넷으로 공개되었다. 중국 대륙에서는 2000년대 이후에야 공개된 것에 비하면 대만의 온라인 코퍼스 개발은 그보다 먼저 시작되어온 셈이다. 실제로 1996년에 대만 중앙연구원 코퍼스가 인터넷에 공개되면서 많은 중국 대륙 연구자들의 주목을 받았고 그 영향으로 다른 여러 중국어 코퍼스 자료들도 일반인에게 공개된 된 측면이 있

---

83) 대만의 코퍼스 자료는 모두 번체자로 구축되어 있다. 이에 본서에서도 그 명칭을 번체자로 제시하였다.

다. 이러한 점에서 볼 때 대만 중앙연구원의 코퍼스는 중국어 코퍼스 연구의 시초가 된다.

SINICA 코퍼스 자료 검색 프로그램은 언어 연구자들이 인터넷상으로 다양한 검색을 하도록 설계되었다. 먼저 연구자들이 검색을 할 때 코퍼스의 종류를 선택하여 장르나 문체, 분야별로 언어의 특징을 비교 분석할 수 있다. 또한 중국의 국가코퍼스와 마찬가지로 품사 표기가 되어 있기 때문에 여러 가지 품사 조합 형식의 분포를 조사할 수 있다. 단어의 중첩형식이나 몇 가지 패턴(ABB, AABB, ABAB, A来A去 등)을 검색할 수 있으며, 한 문장에서 단순한 단어뿐만 아니라 인접하는 두 단어의 검색도 가능하다. 그리고 단어와 단어의 결합 정보를 출현 빈도, 공기 빈도 등과 같은 통계 수치에 근거하여 조사할 수 있다. 아래의 그림은 SINICA 코퍼스에서 'AABB' 중첩 형식으로 사용된 용례를 검색한 결과를 보여준다. 그림에서 보이듯이 '辛辛苦苦(매우 고생하다)' 등과 같은 중첩 형식의 예문이 품사 정보와 함께 제시된다.

[그림 7-11] SINICA 코퍼스 검색의 실례

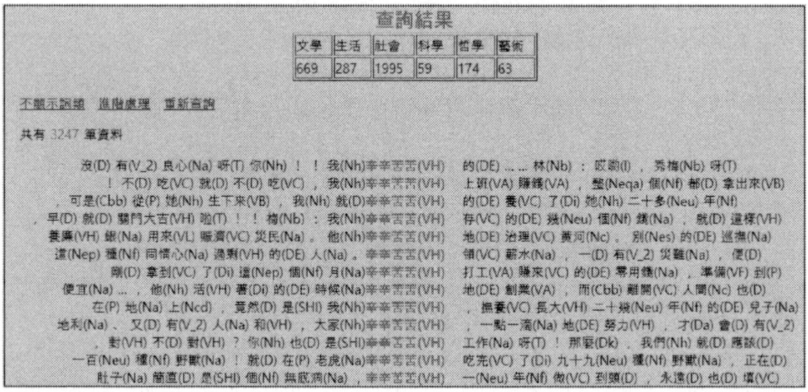

대만 중앙연구원의 SINICA 코퍼스는 고대중국어에서부터 현대중국어
에 이르기까지 중국어 원문에 대한 품사 분석이 되었다는 점에서 큰 의미
가 있다. 또한 코퍼스에 대한 연구자의 검토와 수정 작업을 거쳤기에 품
사 분석의 정확도가 높다. 이 코퍼스를 활용하면 전치사 연구나 '的', '了',
'是', '有' 등과 같이 출현빈도가 높고 문법적 기능이 다양한 어휘들의 통사
/의미적 특징을 연구하는데 있어 풍부한 예문 자료를 확보할 수 있다.

7.1.5. 기타 주요 온라인 코퍼스 관련 사이트

① 중국어 코퍼스 링크 모음(语料天涯)
 -웹사이트: http://www.bfsu-corpus.org/static/worldcorpora.htm
 -특징: 중국의 주요 코퍼스 링크 정보를 한 화면에 제시해 놓은 사이트.
② DCC 코퍼스
 -웹사이트: http://cnlr.blcu.edu.cn/
 -특징: 중국 주요 신문 매체 언어를 수록한 코퍼스.
③ MLC 코퍼스
 -웹사이트: http://ling.cuc.edu.cn/RawPub/
 -특징: 중국 방송 매체 언어를 수록한 코퍼스(Media Language
  Corpus)로서 2008년~2013년도 사이의 라디오 방송 프로그램, 텔
  레비전 방송 프로그램 대본을 기초로 설계됨.
④ 세계 중국어 교육 학습 보조 시스템(国际汉语教学助手网)
 -웹사이트: http://www.aihanyu.org/index.aspx
 -특징: 중국어 교재 및 상용 표현, 연어, 문법 패턴에 대한 용례와
  통계 정보를 제시함.
⑤ 하문대학 중국어 교재 코퍼스(厦门大学教材语料库)
 -웹사이트: http://ncl.xmu.edu.cn/shj/jcfccorpus.aspx
 -특징: 외국인을 위한 각종 중국어 교과서의 예문을 수록함.
⑥ LIVAC 코퍼스
 -웹사이트: http://www.livac.org
 -특징: 홍콩, 타이베이, 상해, 북경 등 중화권 지역의 신문을 토대로
  지역 간의 언어 사용 양상을 비교하기 위해 구축된 코퍼스.

위에서 소개한 코퍼스는 현재 중국의 주요 대학이나 연구 기관에서 구축하여 온라인으로 검색이 가능한 자료이다. 중국어 코퍼스는 저마다의 장단점이 존재한다. 따라서 연구자의 목적에 따라 그 장단점을 파악하여 적절하게 활용하면 좋을 것이다. 예를 들어 대용량 코퍼스는 다양한 예문을 찾을 수 있는 장점이 있지만 정밀한 검색과 분석이 힘들다는 단점이 있다. 반면 품사분석 코퍼스는 규모가 작기 때문에 다양한 용례를 찾기 힘들지만 정밀한 검색과 언어 분석이 가능한 장점이 있다. 한편 일부 코퍼스들은 자료의 일부만을 공개하거나 접근에 일정한 제한이 있어서 쉽게 접근하기가 어려운 점이 있다. 본문에서 언급하지 않았지만 미국과 영국에서 구축한 중국어 코퍼스(예를 들어 LCMC(The Lancaster Corpus of Mandarin Chinese)) 역시 지명도가 있지만 우리가 쉽게 이용하기에는 한계가 있다. 따라서 코퍼스는 연구 목적이나 활용도 그리고 접근성의 측면에서 종합적으로 고려하여 이용하여야 할 것이다.

7.2. 중국어 코퍼스 처리를 위한 분석 도구

중국어 코퍼스를 검색하고 분석할 때 코퍼스 파일을 처리할 수 있는 몇 가지 응용 프로그램을 사용하면 편리하다. 특히 R과 같은 대화형 프로그램을 사용하기 위해서는 코퍼스 파일을 적절하게 미리 가공해야 한다. 예를 들어 텍스트 에디터나 엑셀과 같은 프로그램을 사용하여 코퍼스 전처리 작업을 하는 것이 필요하다.

7.2.1. 텍스트 에디터(Text Editor)

중국어 코퍼스 파일은 대개 텍스트 문서로 저장된다. 그리고 중국어 문자를 저장하기 위해 중국어 코드(GB code) 또는 유니코드(Unicode) 형태를 사용한다. 이러한 작업을 편리하게 해 주는 것이 텍스트에디터이다. 적절한 에디터를 사용하면 대량의 코퍼스 파일의 전처리(preprocess) 작업을 효율적으로 할 수 있다. 예를 들어 EmEditor와 같은 텍스트에디터 프로그램은 여러 문자 코드의 텍스트 파일을 자유롭게 불러들이고 저장할 수 있다. 처리속도도 상당히 빠르다. 뿐만 아니라 정규표현(regular expression)을 완벽하게 지원하여 다양한 검색과 편집이 가능하다.

[그림 7-12] EmEditor의 정규표현 활용 실례

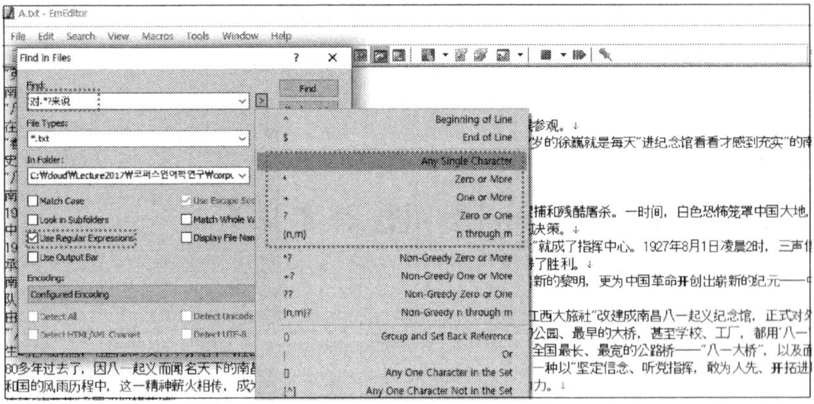

그림에서 보이듯이 EmEditor 같은 텍스트 에디터 프로그램은 여러 파일에서 찾기 기능(Find in Files)이 있고 정규표현을 사용할 수 있기 때문에 다양한 형태의 용례를 찾아 분석용 코퍼스를 새롭게 만들 수 있다. 이런 텍스트에디터 프로그램은 특정한 단어를 검색하여 찾을 수도 있고

"就⋯⋯来说(~에 대해 말하자면)", "从⋯⋯来说(~에서 말하자면)", "对⋯⋯来说
(~에 대해 말하자면)"와 같은 특정한 패턴을 찾을 수도 있다. 예를 들어
"对.*?来说"처럼 정규표현 기호를 사용하면 "~에 대해 말하자면(对⋯⋯来
说)"과 같은 용례를 모두 찾을 수 있다.

[그림 7-13] EmEditor를 사용한 용례 추출의 실례

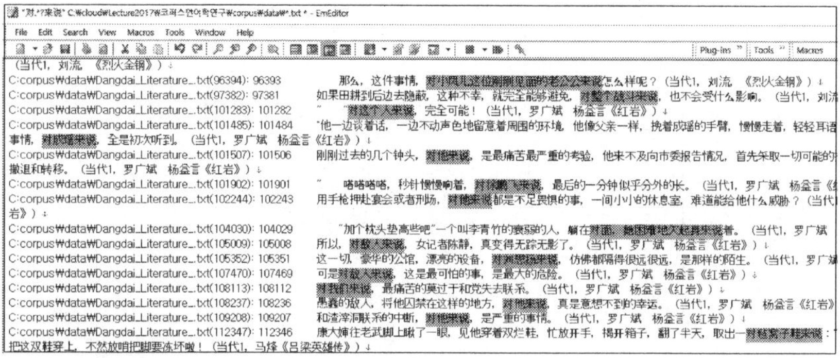

7.2.2. 엑셀(Excel)의 분석도구

엑셀(Excel)은 자료를 행과 열의 표 형태로 입력하고 저장하여 다양한
분석을 가능하게 하는 프로그램이다. 이 프로그램을 사용하면 중국어 코
퍼스 자료를 DB 형식으로 변환하는 것이 가능하다. 또한 문자와 숫자
등을 나누어서 항목별로 정렬하고 함수를 사용하여 합계, 평균, 표준편
차 등의 값을 구할 수 있다. 아래의 그림에서 보이듯이 엑셀은 중국어
코퍼스 자료를 표 형태로 정리하거나 도표를 활용하여 여러 가지 시각
화 분석을 하는데 편리하다.

[그림 7-14] 엑셀을 활용한 중국어 코퍼스의 분석 실례

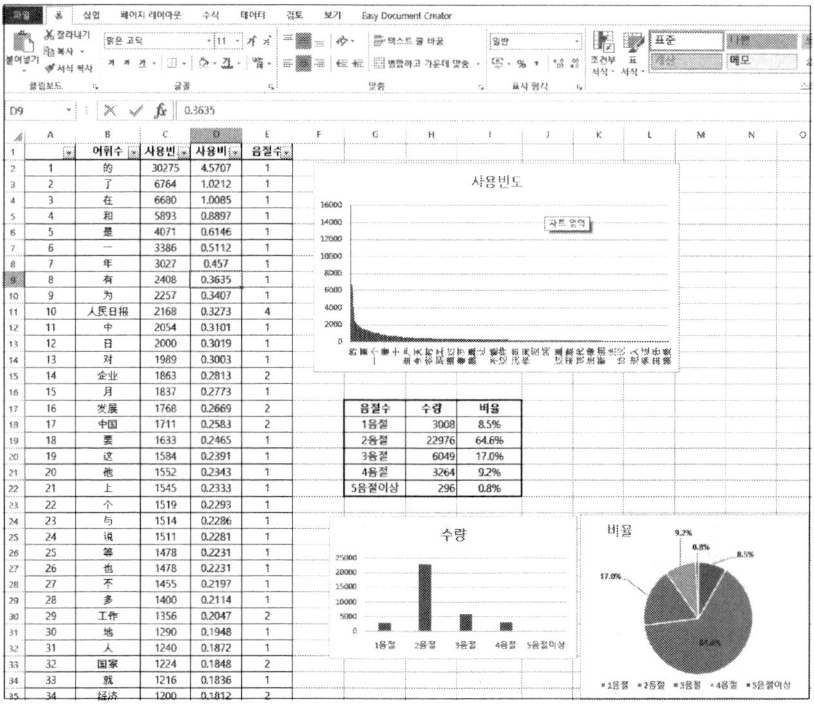

위 그림에서는 중국어 코퍼스의 단어 사용빈도가 표로 제시되어 있다. 그리고 엑셀의 함수를 이용해서 빈도 합계를 구하고 음절별 비율을 계산한 결과가 그래프 형태로 제시되어 있다.

본고에서 R을 활용하여 코퍼스 통계 분석을 할 때에도 기초자료는 엑셀과 같은 스프레드시트 프로그램을 활용하면 편리한 점이 많다. 예를 들어 R 프로그램에서는 텍스트 형태의 파일 이외에 표 형태의 파일을 분석하기도 하는데 이 경우 대개 'CSV' 파일을 사용한다. 엑셀에서는 간편하게 코퍼스 파일을 'CSV' 형태로 변환할 수 있다.

[그림 7-15] 중국어 코퍼스를 csv 파일로 저장하기

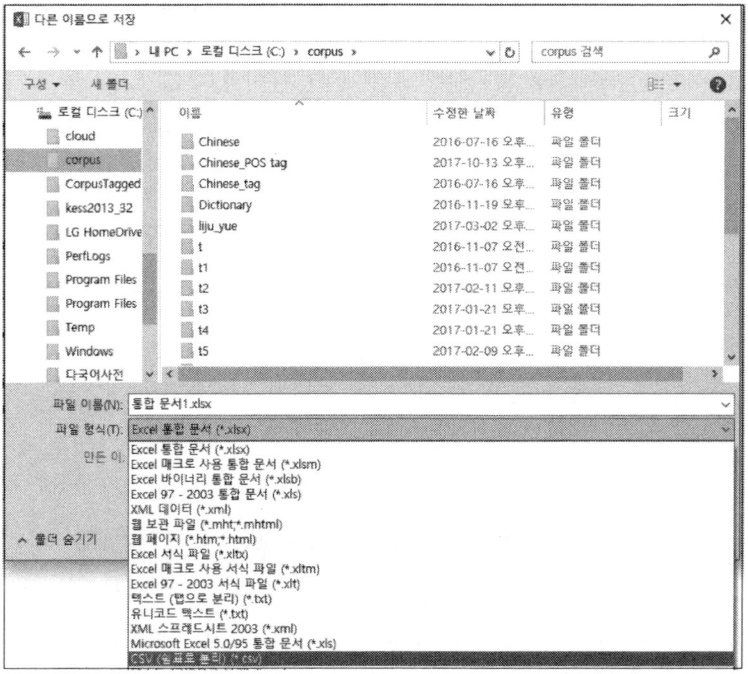

위의 그림에서 보이듯이 'CSV' 파일로 저장하면 중국어 코퍼스 파일 안에 있는 정보들이 쉼표 등과 같이 일정한 구분기호를 통해 저장된다. 이렇게 하면 R과 같은 데이터처리 프로그램에서 파일을 불러와서 다양한 분석을 할 수 있다.

7.2.3. 콘코던스(Concordance) 프로그램

콘코던스(Concordance) 프로그램은 코퍼스에 대한 용례 검색과 통계 정보를 추출하는 기능을 한다.[84] 예를 들어 '글잡이', '깜짝새', '한마루' 등은 한국어 코퍼스 용례를 추출해 주는 프로그램이다. 또한 'WordSmith

Tools', 'MonoConc Pro', 'AntConc' 등은 영어와 다국어 코퍼스 파일의 용
례를 검색하고 통계 정보를 추출할 수 있는 프로그램이다. 아래에는 콘
코던스 프로그램 중에 몇 가지 예를 들어 보이기로 하겠다.

① WordSmith Tools

WordSmith Tools는 코퍼스 언어학 분야에서 널리 알려진 프로그램
중의 하나이다. 이 프로그램은 어휘 통계, 연어 추출, 패턴 분석 등 다양
한 기능을 가지고 있다. 그림에서 보이듯이 '콘코던스(Concord)', '키워드
(KeyWords)', '어휘통계(WordList)'가 주요 기능이다.

[그림 7-16] WordSmith Tools 6.0 초기 화면

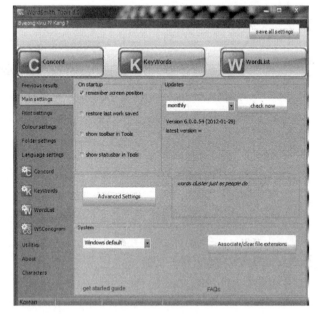

---

84) 중국어 코퍼스 분석을 위한 콘코던스 프로그램의 자세한 활용 방법에 대해서는 강병규
(2013)을 참고하기 바람.

'콘코던스(Concord)' 메뉴는 코퍼스 검색의 가장 기본적인 기능을 제공한다. 텍스트 형태로 된 코퍼스 파일을 선택하고 찾고 싶은 단어나 표현을 입력하기만 하면 된다. 검색 결과는 앞뒤 문장의 문맥과 함께 일목요연하게 나타난다. 그리고 자주 출현하는 연어와 주요 패턴을 정밀하게 보여주기 때문에 연어 연구나 문형 분포를 연구할 때 유용하다.

'WordSmith Tools'의 검색은 아래의 화면과 같이 제시된다. 또한 다양한 부가 기능을 통해 어떤 문맥어와의 공기 관계를 설정하거나 배제할 수 있게 설계되어 있다.

[그림 7-17] WordSmith Tools의 중국어 용례 검색

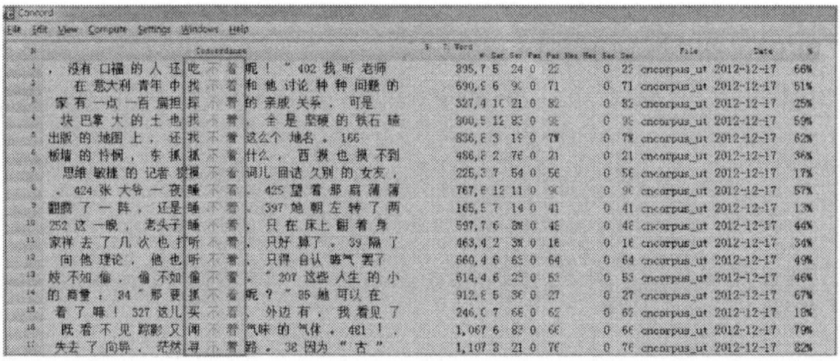

특히 이 프로그램은 문맥어(context word)의 정렬과 통계 기능이 아주 뛰어나다. 이러한 기능은 어떤 단어의 쓰임을 분석할 때 일정한 범위 내에서 어떠한 단어들과 같이 어울려 사용되는지를 고찰할 때 유용하다. 'WordSmith Tools'에서는 중심어를 기준으로 좌우 5단어 또는 그 이상의 단어들이 어떻게 분포되어 있는지를 '...L-5, L-4, L-3, L-2, L-1, R-1, R-2, R-3, R-4, R-5, ...' 등과 같이 결합거리를 나누어 분석해 준다.

[그림 7-18] WordSmith Tools를 사용한 '동사+着'의 검색 과정

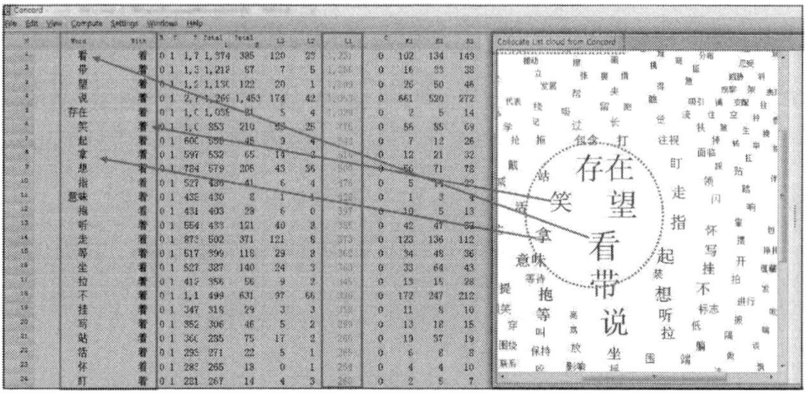

두 번째 메뉴로 보이는 '키워드(KeyWords)' 기능은 두 종류 이상의 코퍼스를 비교할 때 사용된다. 흔히 '참조코퍼스(reference corpus)'라고 불리는 것이 기준이 되고 이와 비교되는 코퍼스를 선택하여 분석을 진행한다. 예를 들어 중국인과 한국인의 중국어 사용 양상을 비교할 때 이 기능을 이용할 수 있다. 중국어 화자의 코퍼스를 기준으로 하여 한국인 화자의 중국어 자료를 비교하는 것이다. 키워드 기능을 사용하면 한국인이 중국어를 구사할 때 나타나는 특징을 포착할 수 있다. 또한 신문과 소설, 구어 자료 등과 같은 서로 다른 장르의 언어 특징을 비교할 때도 사용할 수 있다. 중국 대륙 신문자료와 대만 신문, 홍콩 신문의 내용을 비교해 볼 수도 있다. 최근 들어 이러한 키워드에 대한 연구가 영어교육, 외국어 습득 분야에서 특히 활발하게 진행되는데 이 때 자주 인용되는 것이 'WordSmith Tools'의 키워드 기능이다.

세 번째로 '어휘통계(WordList)' 메뉴는 어휘의 사용빈도, 전체 텍스트에서 개별 어휘가 차지하는 비율, Type/Token 비율, 총 어휘수 등을 다양하게 보여준다. 어휘통계 분석은 코퍼스를 이용한 연구에서 가장 빈번하

게 사용되는 기능이다. 이러한 어휘통계 자료가 기초가 되어 다른 복잡한 분석을 수행한다. 'WordSmith Tools'는 특히 어휘 통계 기능을 Excel 파일 형식으로 일목요연하게 보여준다.

② AntConc 프로그램

'AntConc'는 일본 와세다 대학의 Laurence Anthony교수가 개발한 무료 소프트웨어이다. 'AntConc'는 한국어, 중국어, 일본어 문자 코드와 유니코드(UTF-8, UTF-16)를 다양하게 처리할 수 있다.

'AntConc'의 주요 기능은 아래의 그림과 같이 7개의 메뉴로 나누어져 있다. 콘코던스, 콘코던스 플롯은 해당 용례를 검색하고 보여주는 기능을 한다. 이밖에도 파일보기(File View)기능, 상용구 통계 및 추출(Clusters), 연어 통계 및 추출(Collocates), 어휘통계(WordList), 키워드 산출(Keyword List) 등이 있다.

'AntConc' 프로그램에서는 그림에서 볼 수 있듯이 주어진 검색어에 특별한 색깔이 더해져 표시된다. 색깔 표시와 정렬을 통해 우리는 쉽게 해당 용례의 분포를 관찰할 수 있다.

'AntConc'에서는 정규표현(regular expression)의 사용이 완벽하게 지원된다. 정규표현은 복잡하고 정교한 검색을 가능하게 한다. 정규표현을 사용하면 글자 간의 거리, 임의 문자, 몇 가지 패턴 등도 편리하게 검색할 수 있다.

[그림 7-19] AntConc의 용례 검색 실례

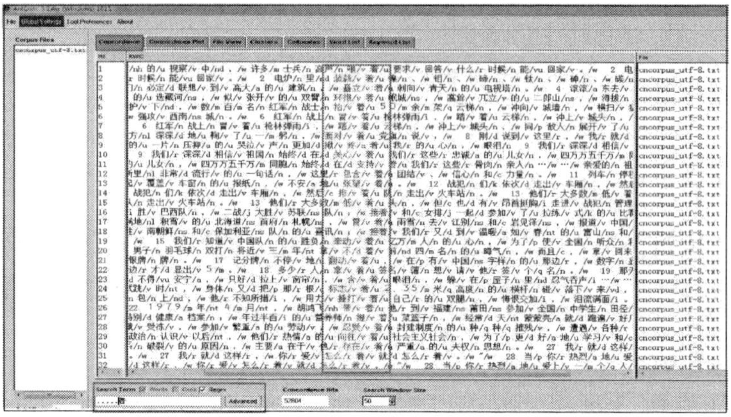

콘코던스 프로그램은 코퍼스 파일을 검색하는 특화된 기능을 제공한
다. 워드프로세서로는 일반 코퍼스 자료를 일목요연하게 검색하거나 통
계정보를 추출할 수 없다. 이에 비해 콘코던스 프로그램은 용례 추출,
어휘 통계, 연어 추출, 상용구 추출, 키워드 추출을 할 수 있다. 이와 함
께 간단한 통계정보도 제시된다. 연구자의 필요에 따라 새로운 코퍼스를
만들어 선택적으로 분석할 수 있다.

그러나 콘코던스 프로그램은 저마다의 장단점이 있기에 어느 것이 좋
다고 말할 수는 없다. 오히려 연구자의 개인적 상황과 구체적인 필요에
따라 적절한 프로그램을 선택하면 될 것이다.

7.2.4. 중국어 단어 분리 및 품사 분석 프로그램

중국어 코퍼스 분석을 원활하게 진행하기 위해서는 단어와 단어 사이
를 띄어쓰기해서 구분해 주는 것이 필요하다. 물론 'AntConc'와 같은 프
로그램은 띄어쓰기가 되어있지 않더라도 정규표현을 사용하여 용례를

찾을 수 있다. 그러나 이것은 어디까지나 검색에만 제한된다. 어휘 통계를 내거나 연어 추출을 하기 위해서는 단어 간의 구분이 전제가 되어야 한다. R을 활용한 중국어 코퍼스 통계 분석에서도 중국어 단어 분리 작업은 필수적이다.

중국어 텍스트 파일을 입력하면 자동으로 단어를 구분해서 띄어쓰기를 해주는 몇 가지 프로그램이 있다. 그 중에 온라인상에서 편리하게 사용할 수 있는 'PHP簡易中文分词(SCWS)' 사이트를 소개하기로 한다85). 아래의 그림에서와 같이 이 프로그램은 온라인에서 직접 사용할 수 있다. 화면 상단에 원하는 텍스트 본문을 복사하여 입력하면 프로그램을 통해 단어와 단어 사이가 분리되어 표시된다. 정확도가 100%는 아니지만 중국어 품사 표기도 자동으로 처리할 수 있다. 처리 결과는 화면 아래 부분에 나타난다.

[그림 7-20] PHP(SCWS)의 중국어 품사 분석 과정

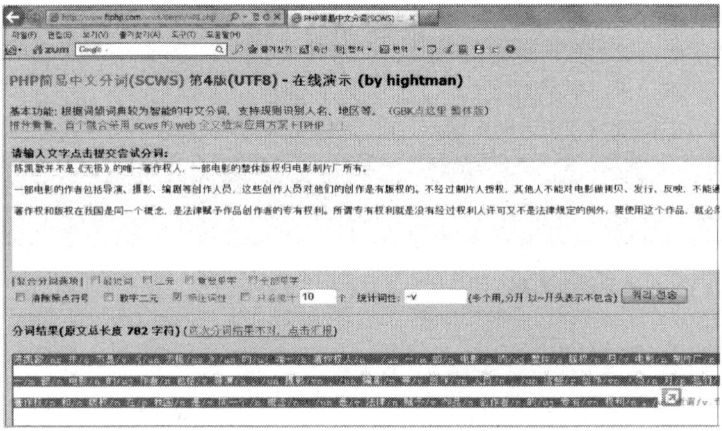

이밖에도 자연언어처리를 연구하는 중국의 주요 대학에서도 단어 분

---

85) 자세한 것은 http://www.ftphp.com/scws/demo/v48.php 를 참고하기 바람.

리와 품사처리를 하는 프로그램이 개발되어 있다. 이 중에는 일부 제한
적인 기능만 공개하거나 소스코드까지 모두 공개한 것도 있다.

① 북경대학 전산언어학연구소 품사 분석 프로그램(미공개)
② 청화대학 자연언어처리연구소 품사 분석 프로그램
　http://thulac.thunlp.org/demo
③ 중국과학원 품사 분석 프로그램
　http://ictclas.nlpir.org/nlpir/
④ 중국국가코퍼스 단어분석 프로그램
　http://www.aihanyu.org/cncorpus/CpsWParser.aspx

　위의 프로그램은 온라인에서도 단어 분리와 품사 분석이 가능할 뿐만
아니라 컴퓨터 하드디스크에 저장된 파일을 선택하여 단어 및 품사 분석
을 할 수 있다. 편의상 중국국가코퍼스 단어 분석 프로그램을 실례로 들
어 보이기로 하겠다. 프로그램은 아래의 사이트에서 내려받기가 가능하
다.(http://www.aihanyu.org/cncorpus/Resources.aspx)

[그림 7-21] 중국어 단어 분리 및 품사 표기 프로그램 내려받기

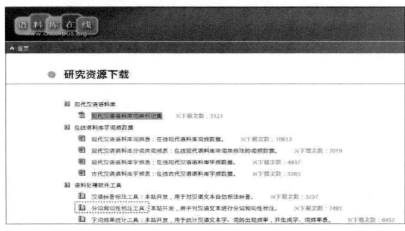

중국국가코퍼스 사이트에서 프로그램 파일을 내려받기 한 다음 압축을 풀면 'CorpusWordParser.exe'라는 실행 파일이 존재한다. 이 파일을 클릭하면 다음과 같은 화면이 나타난다. 이 화면상에서 중국어 원문을 입력한 다음 '切分标注(단어분리 품사표기)'라는 메뉴를 누른다. 그러면 중국어 원문에 대한 단어 분리와 품사 정보가 표시된다.

[그림 7-22] 중국어 단어 분리 및 품사 분석 프로그램 실례

만약 단어 분리를 파일 단위로 하고 싶을 경우에는 좌측 상단의 '批处理模式(대량 처리 방식)'을 선택하면 된다. 해당 메뉴를 클릭한 다음 파일이나 폴더를 선택하면 해당 파일을 모두 처리할 수 있다.

파일이나 폴더 안에 있는 여러 파일을 처리할 때는 그림에서 표시된 부분의 기능을 적절하게 선택하여 조절하면 된다. 예를 들어 대량 처리 기능에서 '选择一个或多个文件(하나 또는 여러 개의 파일을 선택)' 메뉴를 클릭하면 원하는 코퍼스 파일을 처리할 수 있다. 그리고 단어 분리와 품사 분석 결과를 파일로 저장할 경로명과 파일 확장자를 수정할 수도 있다.

기본적으로는 'C:\CorpusTaggedFiles\' 폴더에 저장된다. 파일 확장자는
'*.Tag'이다. 만약 확장자를 텍스트 파일 형태로 바꾸고 싶으면 '*.txt'라
고 수정하면 된다.

[그림 7-23] 중국어 품사 분석 프로그램을 활용한 코퍼스 파일 처리

중국어 코퍼스 파일을 원활하게 분석하기 위해서는 중국어 문장이 단
어별로 띄어쓰기(단어분리)가 되어 있어야 한다. 이런 선행 작업이 되고
나면 통계 분석이나 분포를 관찰하는 것이 가능해진다. 선행 작업은 코
퍼스 검색 프로그램을 처음 사용하는 사람들에게는 낯설고 어렵게 느껴
질 수 있다. 그러나 환경설정이나 선행 작업은 성공적인 프로그램 사용
을 위해서 꼭 필요하다. 어떠한 자료 분석 도구나 마찬가지이듯이 코퍼
스 검색 프로그램도 중요한 기능과 사용법을 숙지해야 우리에게 편리한
도구가 된다.

7.3. R 프로그램을 활용한 중국어 코퍼스 통계 분석

본 장에서는 R 프로그램을 활용하여 중국어 코퍼스를 분석하는 방법과 그 실례를 보이고자 한다.

앞에서도 설명하였듯이 R 프로그램은 통계 분석과 데이터 시각화에 강한 프로그래밍 언어이다. 공개 소프트웨어라는 장점도 있어 R은 세계적으로 많은 연구자와 개발자들이 사용하는 프로그램이다. 여타의 프로그램과 비교할 때 R은 통계 및 텍스트 데이터 관련 작업을 용이하게 할 수 있는 패키지(package)에 대한 개발 속도가 매우 빨라서 이미 1만 개에 달하는 관련 패키지가 존재한다.

R 프로그램은 대화형 프로그래밍 언어이다. 내가 물어보고 싶은 것을 질문하면 답을 해주는 식이다. 물어볼 때는 질문의 유형에 적절한 함수를 사용하면 된다. 그러면 답을 출력해준다. 일반적인 질문보다는 데이터 통계와 관계된 내용에 특화되어 있다. 데이터를 넣어주고 거기에서 통계 정보를 찾아달라고 하면 답을 찾아준다. R은 C, Java, Phython 등과 같은 일반적인 프로그래밍 언어보다 구조가 간결하다. 하나의 기능을 수행하기 위해 복잡한 구조를 짜지 않아도 된다. 적절한 함수를 잘 알면 쉽게 해결되는 문제가 많다. 한 두 줄의 명령어면 된다. 이런 측면에서 R은 간결한 대화형 프로그래밍 언어이다.

7.3.1. R 프로그램의 설치와 중국어 처리를 위한 효과적인 운영체제

가. R 프로그램의 설치 - http://cran.r-project.org에서 다운로드

Windows 사용자를 대상으로 하는 R 프로그램은 2018년 현재 R 3.4.3

버전(62M)이 배포되고 있다. 이 파일을 내려 받은 다음 설치하면 R 프로
그램이 실행된다.

나. R 프로그램에서의 중국어 파일 처리하기

R 프로그램은 한글 운영체제(Windows)에서 중국어 처리가 제한적이다. 중
국어 문자 처리가 용이하지 않은 경우가 많다. 특히 간체자 형태의 파일은
중국어 Windows 환경에서 구현하는 것이 필요하다. 만약 한글 Windows에
서 처리하려면 간체자를 번체자로 바꾸든지 아니면 영문명으로 변환하는
것이 안정적이다. R은 여전히 영문자 중심의 인터페이스라는 단점이 있다.
그러나 이러한 단점에도 불구하고 R은 통계 분석과 시각화의 여러 장점이
있으므로 중국어 코퍼스 연구에 활용할만한 가치가 충분하다.

아래의 화면은 가상 머신을 활용하여 중문 윈도우즈 시스템을 구동하
여 R을 실행한 실례를 보인 것이다.86)

[그림 7-24] 가상 중문 윈도우즈 환경에서 R 프로그램 실행 화면

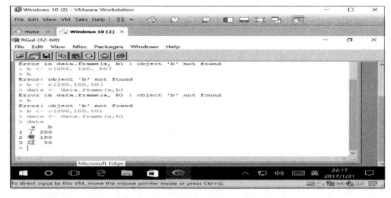

---

86) 가상 머신(Virtual Machine, VM)은 컴퓨팅 환경을 소프트웨어로 구현한 소프트웨어이다. 가
상머신을 사용하면 다른 운영 체제를 설치할 수 있다. 그러나 필자가 시도한 바로 가상 머신
에서의 중국어 운영체제의 속도는 그렇게 빠르지 않았다. 이에 실제 작업 과정에서는 컴퓨터
에 별도의 중국어판 Windows 운영체제를 설치하여 프로그램을 실행하고 분석을 진행하였다.

※ 한글 윈도우즈에서 실행할 경우 중국어 문자가 정상적으로 보이지 않는 경우가 발생한다. (인코딩을 유니코드로 해도 처리할 때 문제가 발생하는 경우가 많다. 향후 유니코드 패키지에 대한 연구가 필요하다.)

[그림 7-25] 한글 윈도우즈 환경에서의 중국어 문자 깨짐 현상

```
> s = c('发展','自己','就是','什么','社会','这样','阿姨','工作','国家','这些','经济','研究','主要','由于','我国','关系','作用',
'不同','中国','人们','但是','现在','需要','所以','因此','如果','已经','一定','重要','一些','情况','知道','时候','必须','人民','出来'
,'活动','方面','科学','也是','条件','许多','通过','思想','发生','为了','过程','而且','影响','方法','要求','技术','一般','具有',
'形成','对于','时间','认为','还是','世界','只有','以后','教育','它们','同时','表现','产生','出现')
> n = c(17331,14793,13715,13589,11461,11087,10899,10531,10139,9975,8730,8657,8352,8074,7980,7954,7924,7851,7791,7706,7
678,7642,7610,7519,7416,7375,7362,7317,7135,7071,6923.6773,6721,6703,6669,6574,6569,6523,6505,6473,6427,6389,6387,6370
,6317,6285,6231,6116,6103,6098,6097,5978,5944,5870,5853,5846,5761,5720,5720,5697,5668,5651,5648,5634,5626,5572,5563,55
44)
> df = data.frame(s, n)       # df is a data frame
> head(df, 10)   # data frame으로 잘 저장되었는지 확인하기...
                 s      n
1    <U+53D1>展  17331
2          自己  14793
3          就是  13715
4   什<U+4E48>  13589
5   社<U+4F1A>  11461
6     <U+8FDB>行  11087
7  <U+95EE><U+9898>  10899
8          工作  10531
9   <U+56FD>家  10139
10  <U+8FD9>些   9975
> write.table(df, file= "df2.txt", quote = F, sep = "\t", col.names = NA,fileEncoding = "UTF-8")
```

7.3.2. 중국어 데이터의 입력과 출력

가. 데이터 입력과 변환

R에서 데이터 입력/출력을 위해서는 '벡터'와 '데이터 프레임' 개념을 이해하는 것이 중요하다.

벡터(vector)는 R의 기본 자료형이다. 벡터는 동일한 유형에 속하는 원소의 나열을 말한다. 변수가 하나라고 하여도 R은 그것을 벡터로 인식한다. 그런데 여러 원소를 벡터로 만들 때는 일반적으로 c()를 사용한다.

데이터 프레임(data frame)은 동일한 크기의 벡터를 행과 열로 대응시켜 만들어 놓은 것이다. 즉 행과 열로 이루어진 일종의 관계형 데이터라고 할 수 있다. 이것은 스프레드시트(spread sheet), 테이블(table) 등의 개념에 해당한다. 데이터 프레임을 만들 때는 일반적으로 data.frame()을 사용한

다. 예를 들어 중국어 상 표지 '了(완료)', '着(지속·진행)', '过(경험)', '在(진행)', '起来(기동)'에 대한 사용빈도를 각각 벡터로 저장한 다음 데이터 프레임으로 만드는 방법은 다음과 같다.

```
#① 벡터
> a <- c( '了', '着', '过', '在', '起来')
> b <- c(100, 80, 40, 30, 15)

#② 데이터 프레임
> data.frame(a, b)
       a     b
1      了    100
2      着     80
3      过     40
4      在     30
5      起来    15
```

데이터 프레임의 내용을 탐색할 때 사용하는 함수로는 다음과 같은 것들이 있다. 예를 들어 'students'라는 데이터 프레임이 있다고 할 때 이에 대한 내용을 탐색하는 함수는 다음과 같이 나타낼 수 있다.

```
> head(students) # 데이터 프레임의 위쪽의 내용을 보여 줌.
> tail(students) # 데이터 프레임의 아래쪽의 내용을 보여 줌.
> str(students) # 데이터 구조를 보여주고 항목별 자료의 유형
  (수치형, 범주형, 연속형 등)을 알려 줌.
> summary(students) # 데이터 안의 통계 정보를 요약해 줌.
```

나. R에서 파일 불러오기 및 저장하기

R은 다양한 파일 형식을 지원한다. 텍스트 파일을 불러오는 것도 가능하고 엑셀과 같은 관계형 데이터 파일을 읽어 들일 수도 있다.

텍스트 형태의 파일을 불러들일 때는 몇 가지 방법이 선택 가능하다. 이 중에서 주로 사용하는 함수는 scan(), read.table(), read.csv() 등이다. 파일의 형태에 따라 몇 가지 사례를 제시하면 다음과 같다.

(1) 일반 텍스트 파일 불러오기

① 방법 1: 클립보드에서 불러오기

```
# 텍스트 파일을 문서 편집기(메모장 등)에서 열고
# Ctrl+A (전체 텍스트 선택), Ctrl+C (복사) 후
# R 콘솔 창에 다음 코드 입력
# 예)
> TEXT <- scan(file = "clipboard", what = "char",
+ quote = NULL)
```

② 방법 2: 파일명으로 불러오기

```
# 불러올 파일이 저장되어 있는 폴더 선택
# 예)
> TEXT <- scan(file = "*.txt", what = "char", quote = NULL)
```

③ 방법 3: 파일 열기/선택 창에서 파일 선택하기

```
# 파일 열기/선택 창에서 파일 선택하여 불러오기
# 예)
> TEXT <- scan(file = file.choose(), what = "char",
+ quote = NULL)
```

※ scan 함수는 텍스트의 단어를 각각 벡터로 저장하는 기능을 함.

(2) 데이터 프레임 형태의 파일을 불러오기

R은 데이터 파일을 읽어 '데이터프레임'으로 만든다. R에서 처리하기 쉬운 데이터 파일은 'CSV' 형태의 파일이다. 통계처리를 위한 코퍼스 데이터를 만들 때에는 일반적으로 'CSV' 파일을 사용하는 것이 편리하다. 예를 들어 어떤 중국어 단어의 사용빈도를 저장할 때는 엑셀에서 'CSV' 파일로 저장하면 R에서 불러들이기가 쉽다.

이렇게 저장된 파일은 R에서 read.csv() 함수를 사용하면 편리하게 처리할 수 있다. 다음의 예는 'data.csv'라는 파일을 읽어 들이는 과정을 보여준다. 읽어 들인 자료가 어떤 형태인지를 알고 싶을 때는 head() 함수를 추가하면 된다.

```
> data <- read.csv("data.csv")
> head(data)
Word    Frequency
了       100
着       80
过       40
在       30
起来     20
```

한편 텍스트 파일 형태로 데이터가 저장되어 있는 경우는 read.table() 함수를 사용하여 읽을 수 있다. read.table() 함수는 텍스트 파일을 읽을 때 사용된다. 예를 들어 read.table("data.txt", header=T)라고 읽는다. 이 때 "header=T"는 첫 줄이 데이터가 아닌 제목으로 읽으라는 의미이다. read.table() 함수는 첫 줄을 제목으로 읽을 것인지를 확인해서 써주는 것이 좋다.

```
> data <- read.table("data.txt", header=T)
> head(data)
Word    Frequency
了       100
着       80
过       40
在       30
起来      20
```

(3) 파일 저장하기

R에서 파일을 저장할 때는 cat(), write.csv(), write.table()과 같은 함수를 사용하면 된다.

① cat(chtext, file = "vector.txt", sep = "\n") # R에서 "chtext"라고 명명한 자료를 새로운 텍스트 파일(vector.txt)로 저장하는 방법이다. 이것은 R의 자료를 텍스트 파일 형태로 저장하는 것이다.

② write.csv(chtext, "chtext.csv") # R에서 "chtext"라고 명명한 자료를 csv 표(*.csv) 형식으로 저장한다.

③ write.table(chtext, "chtext.txt") # R에서 "chtext"라고 명명한 자료를 텍스트(*.txt) 형식으로 저장한다.

〈실습 예제〉

※ R을 이용해 중국어 코퍼스 파일을 불러서 간단한 빈도를 구하기

(A) 'a001.txt'라는 중국어 파일에서 '了'의 사용빈도를 구하기

```
> chtext<-scan(file="a001.txt",what="char",quote=NULL)
# a001.txt 파일을 불러서 읽어 들임.
> length(chtext[chtext=="了"])
# chtext로 저장한 텍스트에서 "了"의 사용빈도를 구하는 함수
[1] 133         # "了"의 사용빈도가 133회임을 나타냄.
```

(B) 'a001.txt'라는 중국어 파일을 불러 들여 전체 빈도를 구한 다음 그
  결과를 내림차순으로 정렬하여 저장하기
  : 중국어 코퍼스 파일이 글자 또는 단어 단위로 분리되었다는 전
  제하에 R은 table() 함수를 사용하여 글자 또는 단어별 사용빈도
  를 계산해 준다. 만약 사용빈도를 내림차순 또는 올림차순으로 정
  렬하려면 sort() 함수를 사용하면 된다. 그리고 이 파일을 저장하
  려면 write.table() 함수를 사용할 수 있다.87)

```
> chtext<-scan(file="a001.txt",what="char",quote=NULL)
#a001.txt 파일을 불러서 읽어 들임.
> table(chtext) # 간단한 빈도표 만들기. table() 함수를 사용함.
> freq.text <- sort(table(chtext), decreasing=T)
# 텍스트의 빈도를 내림차순으로 정리함.
#빈도표를 저장하려면 이것을 데이터 프레임으로 바꿔줘야 함.
> freq.text <- data.frame(freq.text)
#freq.text 벡터를 데이터 프레임으로 변환
# 파일로 저장하기
> write.table(freq.text, file= "*.txt", quote = F,
+ sep = "\t", col.names = NA)
# 테이블로 저장할 때 열 간격을 탭으로 구분하여 저장함.
```

---

87) 처리 결과를 파일로 저장하는 R 함수에 대한 자세한 설명은 아래의 사이트를 참고할 수 있다.
https://stat.ethz.ch/R-manual/R-devel/library/utils/html/write.table.html

7.3.3. 기본 함수를 사용하여 중국어 텍스트 처리하기

R 프로그램은 텍스트 형태의 코퍼스 파일을 처리할 때 몇 가지 함수
를 사용하여 빈도, 자료 구조 등을 파악할 수 있게 해준다. 또한 특정 문
자열을 찾을 때 정규표현을 지원하는 함수를 사용할 수 있다. 예를 들어
grep() 함수는 문자열 검색함수인데 정규표현을 지원한다.

```
① head()          # 텍스트 처음 부분 보여주기
② tail()          # 텍스트 마지막 부분 보여주기
③ length()        # 벡터로 읽어 들인 텍스트의 총 글자/어휘 개수
④ table()         # 텍스트에 글자/단어 유형별 사용빈도
⑤ str()           # 텍스트 변수 유형을 알려 줌.
⑥ paste()         # 벡터 또는 문자열을 연결함.
⑦ strsplit()      # 문자열을 일정한 구분자에 의해 나눔.
⑧ grep()          # 문자열 부분 일치 검색
  grep('了', text) # 텍스트에서 '了'가 들어 있는 문장을 찾기
  grep('了$', text, value=T) # 텍스트에서 '了'로 끝나는 구절을 찾기
⑨ gsub()          # 문자열 바꾸기.
```

※ 중국어 텍스트 전처리 작업

코퍼스 언어학, 텍스트 마이닝, 빅데이터학 등에서 본격적인 분석을
하기 위해 텍스트 자료를 적절한 형태로 가공하는 과정을 전처리 작업
이라고 한다. 예를 들어 특정한 연구 목적에 부합되지 않은 문장부호나
숫자, 불용어(stop word) 등을 정리하는 것도 전처리 작업의 하나이다. 만
약 파일의 크기가 크다면 이러한 전처리 작업은 R과 같은 프로그램을
사용하면 효율적이다. 속도가 빠르기 때문이다. 그러나 코퍼스 크기가
작은 경우에는 워드프로세서(한글2010, MS Word 등), 텍스트에디터(메모장,

EmEditor, EditPlus 등)를 사용하여 전처리 작업(다듬기)을 하는 것이 편리할
수도 있다. 코퍼스 파일에 대한 다듬기 작업이 잘 되어야 정확한 분석
결과를 얻을 수 있다.

7.3.4. R 패키지(package)를 사용하여 중국어 코퍼스 분석하기
- 단어 구름(word cloud) 패키지를 실례로

R에는 특정 통계 기법(빈도분석, 상관분석, 회귀분석, 군집분석, 다차원척도법
등), 특정 학문분야(코퍼스언어학, 자연언어처리, 텍스트마이닝, 빅데이터학, 심리학,
생명공학, 의학 등)에서 많이 사용되거나 특정 목적(텍스트 분석, 데이터 시각화
등)을 수행하기 위해 특화된 함수와 예제 및 도움이 되는 데이터를 하나
로 묶어서 '패키지(package)'라는 이름을 통해 제공한다.

R을 설치하면 기본적으로 일반적으로 많이 사용되는 함수들이 내장
되어 있다. 그러나 특정한 목적의 분석을 위해서는 관련 패키지를 사용
하는 것이 좋다. 추가로 패키지를 설치하면 패키지에서 제공하는 다양한
함수와 데이터를 사용할 수 있다.

패키지를 설치하고 불러오는 방법은 다음과 같다.

```
# 패키지 설치 방법
> install.packages('패키지명')
# 패키지 불러오기
> library('패키지명')
```

R을 새로 실행한 후 해당 패키지 관련 함수 또는 데이터를 사용할 필
요가 있다면 library() 함수 등을 사용하여 패키지를 불러와야 사용할 수

있다. 아래에서는 중국어 단어 구름(word cloud) 패키지를 중심으로 그 사용법을 보이기로 하겠다.

가. 단어 구름 패키지(word cloud package) 설치

이 패키지는 단어의 사용빈도에 따라 단어의 크기를 다르게 하여 구름 모양으로 보여주는 기능을 제공한다.[88]

(1) 패키지 설치

> install.packages("wordcloud") # wordcloud를 검색한 다음 선택하면 설치된다.
> install.packages("wordcloud2") # wordcloud2를 검색한 다음 선택하면 설치된다. 이 패키지가 중국어 텍스트에 대한 단어 구름을 더 효과적으로 시각화해 준다.

[그림 7-26] 단어 구름(word cloud) 패키지 설치 방법

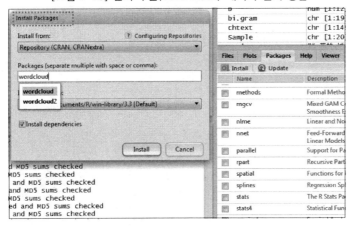

---

88) 단어 구름 패키지(word cloud package)에 대한 설명은 아래의 설명을 참고할 수 있다.
   https://cran.r-project.org/web/packages/wordcloud/wordcloud.pdf

(2) 패키지 불러오기

```
> library(wordcloud)        # wordcloud 패키지를 불러온다.
> library(wordcloud2)       # wordcloud2 패키지를 불러온다.
```

〈중국어 실습 예제〉

(A) BCC 중국어 코퍼스에서 '동사+了' 형태의 사용빈도를 조사하여 텍스트 파일로 저장한 다음 단어 구름 형태로 시각화 해 보기.

```
- BCC 코퍼스에서 'v了'라고 검색한 다음 그 결과를 저장한다.
- '동사+了' 파일을 "Freq_le.txt"라는 이름으로 저장한다.
- 'wordcloud2' 패키지를 불러와서 시각화한다.
```

```
> library("wordcloud2")
> le <- read.table('Freq_le.txt', header=T)
> head(le)
> wordcloud2(le)    # wordcloud2 함수를 사용하여 시각화 한다.
```

[그림 7-27] '동사+了'의 사용빈도에 대한 단어 구름 시각화

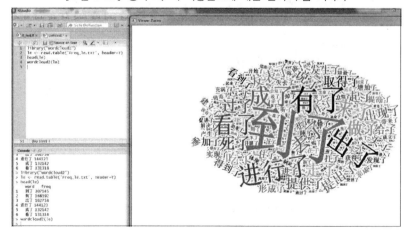

(B) BCC 중국어 코퍼스에서 '동사+着' 형태의 사용빈도를 조사하여 텍스트 파일로 저장한 다음 단어 구름 형태로 시각화 해 보기.

- BCC 코퍼스에서 'v着'라고 검색한 다음 그 결과를 저장한다.
- '동사+着' 파일을 "Freq_zhe.txt"라는 이름으로 저장한다.
- 'wordcloud2' 패키지를 불러와서 시각화한다.

```
> library("wordcloud2")
> zhe <- read.table('Freq_zhe.txt', header=T)
> head(zhe)
> wordcloud2(zhe)    # wordcloud2 함수를 사용하여 시각화 한다.
```

[그림 7-28] '동사+着'의 사용빈도에 대한 단어 구름 시각화

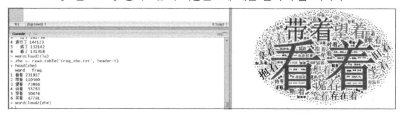

7.3.5. R을 활용한 기술통계 분석

기술통계는 주로 자료에 대한 수치 정보를 정리하고 요약하는 통계 분석이다. 기술통계는 크게 수치를 이용한 요약(summary statistics)과 그래프(graph)를 사용한 요약이 있다. R에서의 기술 통계는 수치형 데이터와 범주형 데이터에 따라 특화된 함수가 사용된다.

가. 수치형 중국어 데이터에 대한 기술 통계

R에서는 수치형 데이터의 경우에 summary()라는 함수를 사용해서 여

러 가지 요약 통계 수치를 구한다. 또한 합계, 평균, 중간값, 분산, 최대값, 최소값 등에 관한 값은 각각 sum(), mean(), median(), var(), max(), min() 등과 같은 함수를 사용해서 계산할 수 있다. 예를 들어 학생들의 중국어 능력시험 성적에 대한 기술 통계는 다음과 같이 계산할 수 있다. 우선 중국어 성적이 'hsk_student'라는 데이터 프레임으로 저장되어 있다고 가정할 때 다음과 같은 함수를 사용하여 다양한 기술통계 수치를 계산한다.

〈수치형 중국어 데이터 분석의 실례〉

```
> hsk_student <- read.csv("hsk_student.csv")
                        # "hsk_student.csv"라는 파일을 읽어 들인
                          다음 "hsk_student"라는 데이터 프레임
                          으로 저장한다.
> head(hsk_student)

name    sex    grade    listening                 reading
score
王力宏    M      2        88               98        186
李晓东    M      2        82               93        175
李娜     F      3        78               85        163
张三     M      3        75               81        156
李四     M      2        91               97        188
曹志敏    F      4        67               76        143

> attach(hsk_student)  # 'hsk_student'라는 데이터 프레임에 접근한
                         다. 데이터 프레임의 변수명으로 바로 분석
                         할 수 있게 한다.
> mean(score)          # 'hsk_student' 데이터 중에서 '점수(score)'의
                         평균값을 계산한다.
> median(score)        # 'hsk_student' 데이터 중에서 '점수(score)'의
                         중앙값을 계산한다.
> var(score)           # 'hsk_student' 데이터 중에서 '점수(score)'의
```

```
                        분산을 구한다.
> sd(score)             # 'hsk_student' 데이터 중에서 '점수(score)'의
                        표준편차를 구한다.
> quantile(score)       # 'hsk_student' 데이터 중에서 '점수(score)'의
                        사분위수를 구한다.
> summary(score)        # 'hsk_student' 데이터에 중에서 '점수(score)'
                        에 관한 평균, 중앙값, 사분위수 등을 종합적
                        으로 보여준다.
```

Min.	1st Qu.	Median	Mean	3rd Qu.	Max.
90.0	147.5	160.0	159.3	177.5	197.0

```
> boxplot(score)        # 'hsk_student' 데이터 중에서 '점수(score)'
                        분포를 상자형 그래프 형태로 보여준다.
> hist(score)           # 'hsk_student' 데이터 중에서 '점수(score)'
                        분포를 히스토그램 형태로 보여준다.
> cor(listening, reading) # 'hsk_student' 데이터 중에서 '듣기(listening)'
                        와 '독해(reading)'의 상관계수를 구한다.
> plot(listening, reading) # 'hsk_student' 데이터 중에서 '듣기(listening)'
                        와 '독해(reading)'의 산포도 그래프를 구한다.
> detach(hsk_student)   # 'hsk_student' 데이터 프레임에서 나온다. R
                        검색 경로에서 데이터를 제거한다.
```

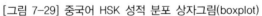

[그림 7-29] 중국어 HSK 성적 분포 상자그림(boxplot)

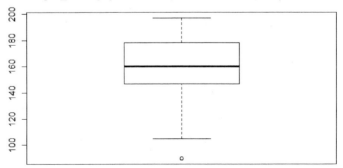

[그림 7-30] 중국어 HSK 성적 히스토그램

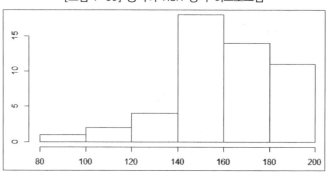

나. 범주형 중국어 데이터에 대한 기술 통계

범주형 자료는 성별, 학년 등과 같이 일정한 부류에 속하는 자료를 의미한다. 이러한 범주형 자료에 대한 기술통계 분석에 자주 사용되는 함수는 table(), barplot(), pie() 등이 있다. 예를 들어 중국어 능력 시험(HSK)을 치루는 대학생 남녀 학생들에 관한 정보가 담겨 있는 데이터 프레임을 분석한 실례를 보이면 다음과 같다.

〈 범주형 중국어 데이터 분석의 실례〉

```
> hsk_student <- read.csv("hsk_student.csv")
               # "hsk_student.csv"라는 파일을 읽어 들인 다음
                 "hsk_student"라는 데이터 프레임으로 저장한다.
> head(hsk_student)

name    sex    grade   listening                    reading
score
王力宏   M      2       88                  98        186
李晓东   M      2       82                  93        175
李娜     F      3       78                  85        163
张三     M      3       75                  81        156
```

| 李四 | M | 2 | 91 | 97 | 188 |
| 曹志敏 | F | 4 | 67 | 76 | 143 |

```
〉 attach(hsk_student)    # 'hsk_student'라는 데이터 프레임에 접근한다.
                          데이터 프레임의 변수명으로 바로 분석할 수
                          있게 한다.
〉 table(sex)             # 'hsk_student'에서 '성별(sex)'의 사용빈도를
                          조사한다.
〉 table(grade)           # 'hsk_student' 데이터 중에서 '학년(grade)'의
                          사용빈도를 조사한다.
〉 table(sex, grade)      # 'hsk_student' 데이터 중에서 '성별(sex)'과
                          '학년(grade)'의 이원분할표를 만들어 준다.
                         # with(hsk_student, table(sex, grade))처럼 입
                          력해도 동일한 값이 출력됨.
```

	1	2	3	4
F	5	6	6	7
M	3	12	3	8

```
〉 addmargins(table(sex, grade)) # 'hsk_student' 데이터 중에서 '성별
                          (sex)'과 '학년(grade)'의 이원분할표와 행렬
                          총합계를 구해준다.
```

	1	2	3	4	Sum
F	5	6	6	7	24
M	3	12	3	8	26
Sum	8	18	9	15	50

```
〉 barplot(table(sex,grade)) # 'hsk_student' 데이터 중에서 '성별(sex)',
                          '학년(grade)' 사용빈도에 대한 막대그래프를
                          그린다.
〉 pie(table(grade))      # 'hsk_student' 데이터 중에서 '학년(grade)' 사
                          용빈도에 대한 원그래프를 그린다.
〉 detach(hsk_student)    # 'hsk_student' 데이터 프레임에서 나온다. R
                          검색 경로에서 데이터를 제거한다.
```

[그림 7-31] 중국어 HSK 참가자 성별 및 학년 분포

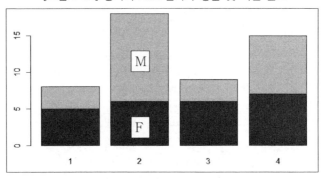

7.3.6. 중국어 코퍼스에 대한 시각화 분석과 추정 통계

가. 파일별 특정 어휘 빈도 프레임 추출과 활용하기

이번에는 여러 개의 코퍼스 파일을 종합하여 통계 분석을 하고 시각화하는 실례를 보이기로 하겠다.

① 중국어 균형코퍼스: 우선 Brown 영어 코퍼스를 모방하여 만든 Torch2009 중국어 코퍼스를 장르별로 12,000 단어 내외로 분할하여 저장한다.[89] 일정한 크기로 나누어진 코퍼스는 모두 60개로 구성된다. 이들은 각각 신문 20개, 문학작품 20개, 방송대본 20개 파일로 나누어진다.

② 파일별 상 표지('了', '着')의 빈도 추출과 평균을 비교하기

60개의 파일로 구성된 중국어 코퍼스에서 '了(완료)', '着(지속·진행)'의 사용빈도를 조사하고자 할 때는 아래와 같은 소스 코드를 사용할 수 있다. 여기에 사용된 함수는 list.files(), data.frame(), scan(),

---

89) Torch(Texts of Recent Chinese) 코퍼스에 대한 자세한 설명은 북경외국어대학 코퍼스언어학 실험실 자료를 참조하기 바람. http://www.bfsu-corpus.org/content/conll-2013

length(), summary(), boxplot() 등이다. 그리고 추가적으로 for 구문
이 사용된다.[90]

```
> files.list <- list.files()
> aspect <- data.frame( ∫_perfective=vector(),
+ 着_continuos=vector())
> n = 0
> for (j in files.list)
+ {
+ file <- scan(file=j, what="char", quote=NULL)
+ n = n + 1
+ aspect[n, ] <- c(length(file[file=="∫"]),
+ length(file[file=="着"]))
+ rownames(aspect)[n] <- j
+ }
> summary(aspect)
> boxplot(aspect, main="Box plot",
+         col = c("lightblue", "darkorange"))
```

[그림 7-32] 중국어 상 표지 '了', '着'의 사용빈도

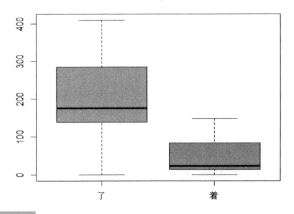

위의 상자그림에서 보이듯이 중국어 상 표지 '了(완료)'는 코퍼스별로
사용빈도가 100회에서 400회 사이에 분포한다. 이에 비해 상 표지 '着(지
속·진행)'는 사용빈도가 대략 10회에서 80회 사이에 분포한다. 이에 대한
더 자세한 값을 알기 위해 summary() 함수를 사용하여 그 결과를 표로
제시하면 다음과 같다.

```
> summary(aspect)
        了                      着
Min.    : 0            Min.    : 0
1st Qu. : 139         1st Qu. : 13
Median  : 176         Median  : 22
Mean    : 208         Mean    : 44
3rd Qu. : 285         3rd Qu. : 84
Max.    : 409         Max.    : 148
```

나. 사용빈도에 대한 통계적 유의성 검정(T-Test)

T-test는 하나 또는 두 표본 간의 평균에 차이가 있는지를 판단하기
위해 사용되는 통계 방법이다. 여기에서는 분석의 실례를 보이기 위해서
R의 t.test() 함수를 사용해 보기로 한다.

```
> t.test(aspect$了, aspect$着, var.equal=T)
  # 등분산을 가정하고 두 변수 사이의 평균의 차이가 있는지를 검정함.
> t.test(aspect$了, aspect$着, var.equal=F)
  # 등분산을 가정하지 않고 변수 사이의 평균의 차이가 있는지 검정함.
t = 12.764, df = 84.816, p-value < 0.0001
```

※ 결과 분석

- 60개 코퍼스 파일의 사용빈도를 관찰한 결과 '了'와 '着'의 사용빈도
의 평균적인 분포는 높은 수준으로 유의미한 차이를 보인다. (t=12.764,
p-value <0.0001) '了'는 '着'에 비해 상대적으로 많이 사용된다.

다. 상 표지 '了'와 '着'가 텍스트 종류별로 사용되는 빈도의 차이

이번에는 60개의 코퍼스 파일을 3개의 장르로 구분하여 그 사용빈도
를 분석해 보기로 한다. 3가지 장르는 편의상 신문(Newspaper), 문학작품
(Literature), 방송대본(SpokenMedia)으로 나누기로 하겠다.

장르별 사용빈도를 조사할 때는 아래와 같은 소스 코드를 사용할 수
있다. 여기에 사용된 함수는 list.files(), data.frame(), scan(), grepl(),
length(), summary(), boxplot() 등이다. 그리고 추가적으로 for 구문이 사
용된다.

```
> files.list <- list.files()
> aspect <- data.frame(Genre=vector(),
+               了=vector(), 着=vector())
> n = 0
> for (j in files.list)
+ {
+ file <- scan(file=j, what="char", quote=NULL)
+ n = n + 1
+ if (grepl("[abc]", j)==T)
+ {genre <- "Newspaper"}
+ else if (grepl("k", j)==T)
+ {genre <- "Literature"}
+ else
+ {genre <- "SpokenMedia"}
```

```
+   aspect[n, ] <- c(genre,
+   length(file[file=="ʃ"])/length(file),
+   length(file[file=="着"])/length(file))
+   rownames(aspect)[n] <- j
+   }
>   aspect$Genre <- as.factor(aspect$Genre)   # 데이터 속성을 명목 척
                                                 도로 변환
>   aspect$ʃ <- as.numeric(aspect$ʃ)   # 데이터 속성을 숫자 척도로
                                          변환
>   aspect$着 <- as.numeric(aspect$着)   # 데이터 속성을 숫자 척도로
                                           변환
>   head(aspect)
>   summary(aspect)

>   par(mfrow=c(1,2))
>   boxplot(ʃ~Genre, data=aspect, main = "ʃ",
+   col = c("blue", "red", "orange"))
>   boxplot(着~Genre, data=aspect, main = "着",
+   col = c("blue", "red", "orange"))
```

- 출력 결과

File	Genre	ʃ	着
a01.txt	Newspaper	133	13
a02.txt	Newspaper	108	18
a03.txt	Newspaper	202	17
a04.txt	Newspaper	154	10
a05.txt	Newspaper	163	11
a06.txt	Newspaper	139	28
a07.txt	Newspaper	148	26
b08.txt	Newspaper	126	14
b09.txt	Newspaper	102	17
b10.txt	Newspaper	120	15
….			

-summary() 함수를 사용한 통계 정보 요약

```
> summary(aspect)

        Genre          了              着
  Literature  :20  Min.   :102.0   Min.   :3.00
  Newspaper   :20  1st Qu.:143.5   1st Qu.:13.75
  SpokenMedia:20   Median :177.5   Median :23.00
                   Mean   :211.5   Mean   :45.73
                   3rd Qu.:289.2   3rd Qu.:84.50
                   Max.   :409.0   Max.   :148.00
```

[그림 7-33] 중국어 코퍼스 장르별 상 표지의 사용빈도 비교

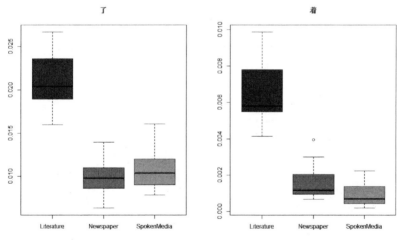

라. 장르별 사용빈도에 대한 통계적 유의성 검정(Chi Square-Test)

① 교차표 만들기

장르별 사용빈도에 차이가 있는지를 분석하기 위해 교차표(cross table)

을 만들어 보기로 한다. 여기에 사용된 함수는 xtabs()과 data.frame(),

matrix()이다.

```
〉 Cross.aspect 〈- xtabs(cbind(了, 着)~Genre, data=aspect)  #장르별로
          '了'와 '着'의 사용빈도를 합산하여 교차표를 만든다.
〉 Cross.aspect 〈- as.data.frame.matrix(Cross.aspect)
          # Xtab의 형태로 된 것을 데이터 프레임으로 바꾼다.
〉 Cross.aspect


                  了              着
Literature      6453           2001
Newspaper       3021            469
SpokenMedia     3217            274
```

② 빈도교차표의 관찰빈도와 기대빈도 구하기

- 관찰빈도 합계 구하기: addmargins() 함수를 사용하여 빈도교차표의
  합을 구한다.

```
〉 addmargins(as.matrix(Cross.aspect))

                  了              着           Sum
Literature      6453           2001          8454
Newspaper       3021            469          3490
SpokenMedia     3217            274          3491
Sum            12691           2744         15435
```

- 기대빈도 구하기: 기대빈도의 값은 카이검정 함수에서 변수를 추가
  하여 구할 수 있다. R에서 카이검정함수는 chisq.test()이다. 그리고

여기에 기댓값을 의미하는 expect를 추가하면 된다. 예를 들어 chisq.test(Cross.aspect)$expect라고 하면 기대빈도가 계산된다. 다음은 기대빈도와 교차표의 합계를 구하는 실례이다.

```
> chisq.test(Cross.aspect)$expect

                了           着
Literature   6951.067    1502.933
Newspaper    2869.556     620.444
SpokenMedia  2870.378     620.622


> addmargins(as.matrix(chisq.test(Cross.aspect)$expect))

                了           着        Sum
Literature   6951.067    1502.933     8454
Newspaper    2869.556     620.444     3490
SpokenMedia  2870.378     620.622     3491
Sum         12691        2744        15435
```

③ 그래프를 통한 관찰빈도와 기대빈도의 비교 분석

연관성 그래프(association plot)를 보여주는 assocplot() 함수는 교차표에서 관찰빈도와 기대빈도를 시각화는데 유용하다. 다음의 실례가 그러하다.

```
> assocplot(as.matrix(Cross.aspect)) # 관찰빈도와 기대빈도의 차이를
                                       시각화해 준다.
```

[그림 7-34] 중국어 상 표지의 관찰빈도와 기대빈도 비교

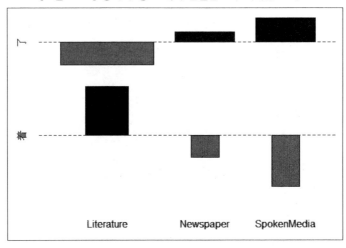

위의 그림에서 막대 모양으로 표시된 것은 관찰빈도이다. 점선은 기대빈도를 나타낸다. 관찰빈도가 기대빈도보다 높으면 막대그래프가 점선 위로 표시된다. 관찰빈도가 기대빈도보다 낮으면 막대그래프가 점선 아래로 표시된다. 이를 통해서 중국어 상 표지 '了(완료)'는 '着'에 비해서 상대적으로 신문과 방송대본에서 많이 관찰된다는 것을 알 수 있다. 중국어 상 표지 '着(지속·진행)'는 상대적으로 문학작품에 많이 출현한다고 할 수 있다.

④ 카이 제곱 검정

카이 제곱 검정은 범주형 자료에서 기대빈도와 관찰빈도의 차이가 있는지를 판단하기 위해 사용할 수 있다. 카이 검정에서 귀무가설은 관찰빈도와 기대빈도의 차이가 없다는 것이다. 대립가설은 적어도 하나 이상의 교차표 항목에서 기대빈도와 관찰빈도이 차이가 있다는 것이다. R에서는

이러한 카이 검정을 chisq.test() 함수를 사용하여 통계 수치를 계산한다.

```
> chisq.test(Cross.aspect)

data: Cross.aspect
X-squared = 481.15,  df = 2,  p-value <2.2e-16
```

※ 결과 분석: 신문, 문학작품, 방송대본의 유형별로 상 표지의 분포는
적어도 하나 이상의 교차표 항목에서 관찰빈도와 기대빈도의 차이
가 있다. 이는 중국어 상 표지가 코퍼스 장르와 일정한 상관성이
있음을 보여준다.(χ-squared=481.15, df=2, p<0.0001)

7.3.7. 상관분석(correlation analysis)

가. 상관분석 개요

상관분석(correlation analysis)은 변수간의 관계가 어느 정도 밀접한가를
측정하는 분석기법이다. 일반적으로 상관분석 결과로 주목하는 것은 상
관계수(correlation coefficient)와 통계적 유의확률이다. 그 중에서도 상관계수
가 두 변수 간의 상관성을 보여주는 중요한 지표로 활용된다. 상관계수
는 '-1.0 ~ +1.0' 사이의 값으로 제시된다. 일반적으로 상관계수의 절대값
이 '1.0 ~ 0.7'의 범위에 있으면 두 변수 간에는 매우 강한 상관성이 있
다고 본다.

나. 분석 내용

우선 한 문장에서 중국어의 상 표지 '了'와 같이 출현하는 단어의 사용빈도를 정리한 다음 통계적 상관분석 방법을 통해 상관계수를 측정해 보기로 한다.

선행 연구에서 중국어 완료를 나타내는 상 표지 '了'가 사용될 때는 앞에 시간정보가 주어지는 것이 일반적이라고 언급되어 왔다. 중국어 문장에서 시간정보는 주로 시간명사(时间词), 시간부사 등을 통해서 표현된다.

(1) 昨天 他   买 了   一本 中文 小说。
어제 그(3인칭) 사다-완료 한 권 중국어 소설
어제 그는 중국어 소설책 한 권을 샀다.

(2) 他   已经 看 完 了   那 本 小说。
그(3인칭) 이미 보다-결과-완료 그 권 소설
그는 이미 그 책을 다 봤다.

(3) 今天 他   又 买 了   一本 中文 小说。
오늘 그(3인칭) 또 사다-완료 한 권 중국어 소설
오늘 그는 또 중국어 소설책을 한 권 샀다.

시간정보와 상 표지 '了'와의 상관관계를 고찰하기 위해 R을 사용하여 '又(또)', '就(바로)', '已经(이미)', '早就(벌써)' 등과 같은 시간부사의 사용빈도를 조사해 보기로 하겠다. 아울러 '最近(최근)', '去年(작년)', '今年(올해)', '昨天(어제)', '今天(오늘)', '上午(오전)', '下午(오후)', '晚上(저녁)' 등과 같은 시간명사의 사용빈도를 조사하기로 한다.

다. 중국어 코퍼스 가공과 수집

코퍼스 파일은 필자가 수집한 중국 현대문학작품에서 무작위로 선별한 40개의 파일로 구성된다. 이 표본 자료는 각각 12,000단어~20,000단

어의 규모이다.

단어 분리와 품사 분석은 위에서 소개한 단어 분석 프로그램 'Corpus Word Parser'를 사용하여 진행하였다.

라. R을 활용하기

코퍼스 파일에서 시간부사와 완정상 표지가 공기하는 예를 추출하기 위해서 일차적으로 '了'를 검색해 보았다. 그리고 그 앞에 시간부사가 출현하는지를 알기 위해 앞에 5 단어 범위 내에서 '又……', '已经……' 등의 단어를 찾는 과정을 for 구문을 사용하여 코딩하였다. 아래는 코퍼스 파일에서 '又……了', '已经……了' 등과 같은 표현이 사용되는 빈도를 조사하는 R 스크립트의 실례이다.[91]

```
> files.list<-list.files()
> Freq.co <- data.frame(FileName=vector(),
+ adverb=vector(), time_noun=vector(), ʃ=vector())
> n <- 1
> span<-vector()
> for(i in files.list) {
+   file <- scan(file=i, what='char', sep="Wn",
+   quote=NULL)
+   all <- unlist(strsplit(file, " "))
+   search <- "ʃ/u"
+   index <- which(all==search)
+   for(j in index)
+   {
      span <- c(span, (j-5):(j-1))
+   }
```

---

91) 이 코드에 대한 자세한 내용은 이 책의 전반부의 설명을 참조하기 바람.

```
+  span <- span[span>0]
+  cooccurrence <- all[span]
+  cooccurrence.adv     <-     grep("^又$|^就$|已经|早就|正好|忽然",
                 cooccurrence, value=T)  # 시간부사의 목록
                 을 추가한다. 필요에 따라 목록을 늘이거나
                 줄일 수 있다.
+  cooccurrence.noun <- grep("最近|.年$|^年$|.天$|^天$|.午$|后来|.
                 时$|时候", cooccurrence, value=T) # 시간
                 명사의 목록을 추가한다. 필요에 따라 목록
                 을 늘이거나 줄일 수 있다.
+  Freq.span.a<-sort(table(cooccurrence.adv),
+  decreasing=T)
+  Freq.span.b<-sort(table(cooccurrence.noun),
+  decreasing=T)
+  Freq.co[n,] <- c(i, sum(Freq.span.a),
+  sum(Freq.span.b),length(all[all==search]))
+  n <- n+1
+  }
>  head(cooccurrence.adv, 30)
>  head(cooccurrence.noun, 30)
>  head(Freq.co, 30)
```

위의 소스 코드를 약간씩 변용하면 아래와 같은 파일별 '시간부사+了 (완료)' 사용빈도표를 정리할 수 있다.

```
> head(Freq.co, 30)
    FileName    又         已经       了
1   Ko1.txt     8          15         345
2   Ko2.txt     18         7          377
3   Ko3.txt     23         11         285
4   Ko4.txt     27         15         301
5   Ko5.txt     38         20         335
```

6	Ko6.txt	22	30	408
7	Ko7.txt	39	12	318
8	Ko8.txt	37	24	227
9	Ko9.txt	46	22	362
10	Ko10.txt	40	35	318

....

〈R을 이용한 상관분석 방법〉

R에 내장되어 있는 상관분석 함수는 cor()이다. R에 내장되어 있는 cor() 함수를 사용하면 변수간의 상관계수 행렬을 보여준다.

```
〉le 〈- read.csv("cor.csv")  # 시간부사와 상 표지 '了'의 공기빈도 자
                               료를 가져와서 'le'라는 데이터 프레임
                               에 저장한다.
〉cor(le)    # 상관 계수를 구한다.

      又      已经    了
又     1.00    0.49    0.77
已经   0.49    1.00    0.44
了     0.77    0.44    1.00
```

만약 특정 변수간의 상관계수를 알고 싶을 때는 다음과 같이 할 수 있다.

```
〉with(data, cor(x1, x2)) # data 자료 중에 x1, x2 간의 상관관계를
                            파악할 수 있다.
```

유의확률까지 구하고자 할 때는 cor.test()함수를 사용하면 된다.

```
> le <- read.csv("cor.csv")
> with(le, cor.test( 又 , 了) ) # '又'와 '了'의 상관 계수와 유의확률을
                                 구한다.

Pearson's product-moment correlation
data: 又 and 了
t = 9.029, df = 57, p-value = 1.385e-12
alternative hypothesis : true correlation is not equal to 0
95 percent confidence interval:
0.636       0.855
sample estimates:
  cor
  0.77
```

〈산포도 그리기〉

산포도를 그릴 때는 plot() 함수를 사용하면 된다. 예를 들어 '了'와 '又'의 산포도를 그리는 방법은 다음과 같다.

```
> le <- read.csv("cor.csv")  # 시간부사와 상 표지 '了'의 공기빈도 자
                               료를 가져와서 'le'라는 데이터 프레임
                               에 저장한다
> with(le, plot(了 , 又)) # plot() 함수를 사용하여 '了'와 '又'의 산포도
                           를 그린다.
  # 만약 가로축과 세로축에 명칭을 넣고자 하면 plot(le$了, le$又,
    xlab="了", ylab="又", main="又⋯⋯了" )이라고 하면 된다.
```

[그림 7-35] '又……了'의 산포도

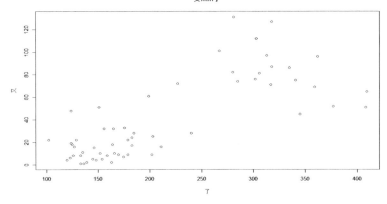

〈시간부사, 시간명사와 상 표지 '了'의 상관관계〉

이번에는 '又(또)', '已经(이미)', '早就(벌써)' 등과 같은 시간부사를 하나로 합치고, '去年(작년)', '昨天(어제)', '最近(최근)' 등과 같은 시간명사를 한데 합쳐서 분석하기로 한다. 동일한 방식으로 cor() 함수를 사용하여 분석한 결과 시간부사와 상 표지 '了'의 상관성은 상당히 높은 것으로 조사되었다. 이에 비해 시간명사와 상 표지 '了'의 상관성은 상대적으로 낮은 것을 알 수 있다.

```
> le <- read.csv("cor.csv")   # 시간부사 및 시간명사 상 표지 '了'의
                                공기빈도 자료를 가져와서 'le'라는 데이
                                터 프레임에 저장한다.
> cor(le)   # 상관 계수를 구한다.

                 了        time_adverb      time_noun
了              1.00          0.72            0.44
time_adverb    0.72          1.00            0.67
time_noun      0.44          0.67            1.00
> with(le, plot(了, time_adverb))  # plot() 함수를 사용하여 '了'와 'time_
                                      adverb'의 산포도를 그린다.
```

[그림 7-36] 시간부사와 '了'의 산포도

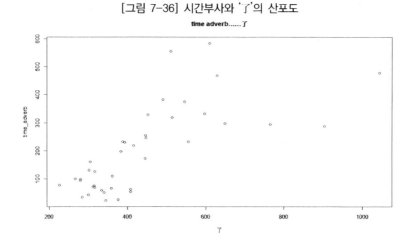

time adverb......了

7.3.8. 회귀분석(Regression Analysis)

가. 회귀분석 개요

중국어 코퍼스 자료를 다루다 보면 여러 변수 사이의 영향 관계를 분석해야 할 때가 있다. 예를 들어 중국어 시간부사·시간명사가 상 표지 '了'의 사용에 영향을 준다면 이들 간의 영향 관계가 얼마나 되는지를 계산해 볼 수 있다. 이러한 계산을 위해서 종종 회귀분석이 사용된다. 회귀분석은 변수간의 영향관계를 고찰하는데 사용되는 통계적인 방법 중의 하나이다. 회귀분석에서는 독립변수와 종속변수가 설정된다. 독립변수는 영향을 주는 변수이고, 종속변수는 영향을 받는 변수이다. 예를 들어 중국어 시간부사나 시간명사가 상 표지 '了'에 영향을 준다면 전자는 독립변수이고 후자는 종속변수이다.

독립변수	종속변수
[已经(이미), 早就(벌써), 又(또)] →	了(완료)
[去年(작년), 昨天(어제), 最近(최근)] →	了(완료)

나. 선형 회귀분석(Linear Regression)

선형 회귀분석은 종속변수와 설명변수의 영향관계가 직선의 방정식으로 설명된다고 가정하고 두 변수 간의 관계를 분석하는 방법이다.

다. 코퍼스 자료 분석

선형 회귀분석을 하기 위해 시간부사, 시간명사, 상 표지 '了'의 사용빈도 데이터를 표로 만들어 보기로 하자. 먼저 40개의 중국어 코퍼스 파일에서 '了'가 사용된 문장에서 좌측 5 단어 범위 내에 출현하는 시간부사와 시간명사의 빈도를 계산한다. 그리고 그 사용빈도를 csv 파일 형태로 저장한다. 이를 R에서 불러오면 다음과 같이 나타낼 수 있다.

```
> le <- read.csv("table.csv")  # 시간부사 및 시간명사 상 표지 '了'의
                                 공기빈도 자료를 가져와서 'le'라는 데
                                 이터 프레임에 저장한다.
> head(le)
  FileName    time_adverb    time_noun       了
1 Ko1.txt         87            45           345
2 Ko2.txt        108            17           377
3 Ko3.txt        203            71           285
4 Ko4.txt        207            95           301
5 Ko5.txt        308           100           335
6 Ko6.txt        322           130           408
....
```

라. R을 활용한 회귀분석 방법

R에서는 lm() 함수를 이용해서 선형 회귀분석을 할 수 있다. lm() 함
수에서 종속변수를 쓰고 독립변수는 뒤에 쓰면 된다.

※ lm(종속변수 ~ 독립변수)

```
> le <- read.csv("table.csv")
> regression <- with(le, lm(了 ~ time_adverb) )
                #선형 회귀분석 결과를 'regression'에 저장
> regression
> summary(regression)

Residuals:
  Min      1Q     Median    3Q       Max
-221.58  -73.59   -23.30   33.22    390.72
Coefficients:
            Estimate Std. Error  t value  Pr(>|t|)
(Intercept) 276.37     32.33      8.55    2.21e-10 ***
time_adverb 0.82        0.13      6.36    1.84e-07 ***

Residual standard error: 122.7 on 38 degrees of freedom
Multiple R-squared: 0.52
Adjusted R-squared: 0.50
F-statistic: 40.42 on 1 and 38 DF,
p-value: 1.84e-07
```

마. 시간부사와 상 표지 '了'에 대한 회귀분석 결과

① 추정된 회귀 방정식

위의 분석에서 추정된 회귀식은 다음과 같다.

$$了_i = 276.37 + (0.82 \times time\_adverb_i)$$

즉 time_adverb(시간부사)가 1회 사용될 때 '了'의 빈도는 '0.82'회 증가한
다고 해석된다. 그리고 이 회귀식은 p-value가 '0.001'보다 작으므로 통계
적으로 매우 유의하다.

② 산포도에 회귀 직선 추가하기

이번에는 선형 회귀 분석 결과에 기초하여 회귀 직선을 추가한 산포도
를 그려보기로 하자. 산포도를 그릴 때는 plot() 함수를 사용한다. 그리고
회귀 직선을 추가할 때는 abline() 함수를 사용하면 된다.

```
> le <- read.csv("table.csv")
> regression <- with(le, lm(了 ~ time_adverb) )
                 #선형 회귀분석 결과를 'regression'에 저장
> with(le, plot(了 , time_adverb)) # plot() 함수를 사용하여 '了'와
                            'time_adverb'의 산포도를 그린다.
> abline(regression) # 선형 회귀분석 함수 lm((了 ~ time_adverb))의
                       결과값에 기초하여 회귀 직선을
                       추가한다.
```

[그림 7-37] 시간부사와 '了'의 산포도에 추가된 회귀 직선

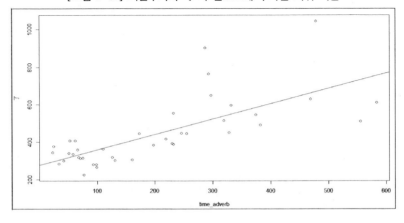

③ 결정계수 R 제곱(R^2) 수치 해석

위의 회귀분석 결과에서 결정계수 R 제곱(R^2) (R-squared) 값은 0.52이다. 결정계수는 총 변동 중에서 회귀 직선에 의해서 설명되는 비율을 의미한다. 즉 시간부사(time adverb)가 상 표지 '了'의 변동 중에서 52%를 설명한다는 것을 의미한다.

결정계수 R 제곱(R^2)의 범위는 '$0 < R^2 < 1$' 이다. 만약 모든 관찰값과 회귀식이 일치하면 '$R^2 = 1$'이 된다. 결정계수 R 제곱(R^2) 값은 1에 가까울수록 표본을 설명하는데 유용하다.

바. 다중 회귀분석(Multiple Regression)

다중 회귀분석은 독립변수가 2개 이상인 경우에 사용한다. 예를 들어 여러 독립변수들의 수치를 합칠 경우 '了'의 출현 빈도의 증감에 어떠한 영향을 미치는지를 고찰하는데 사용할 수 있다. 본고에서는 편의상 독립변수를 시간명사와 시간부사만으로 한정해서 다중 회귀분석을 실시해 보기로 한다.

〈R을 활용한 다중 회귀분석 방법〉

R에서 다중 회귀분석을 할 때에는 lm() 함수 안에 '독립변수1＋독립변수2'라고 입력하면 된다. 이렇게 하면 2개의 독립변수를 합쳐서 회귀분석을 실시할 수 있다. 다음은 다중 회귀분석의 실례를 보인 것이다.

```
> le <- read.csv("table.csv")

> multi_regression <- with(le, lm(了 ~ time_adverb + time_noun))
```

```
                                    # 시간부사와 시간명사를 합쳐서 회
                                    귀분석을 실시한다. 그 결과는
                                    multi_regression에 저장한다.
> summary(multi_regression)


Coefficients:
            Estimate Std. Error  t value   Pr(>|t|)
(Intercept)  279.49      32.97     8.23   7.01e-10 ***
time_adverb    0.86       0.18     4.91   1.86e-05 ***
time_noun     -0.05       0.13    -0.34   0.734


Residual standard error: 124.1 on 37 degrees of freedom
Multiple R-squared: 0.52
Adjusted R-squared: 0.49
F-statistic: 19.8 on 2 and 37 DF,
p-value: 1.42e-06
```

위에서 summary() 함수로 출력된 분석 결과를 살펴보면 R^2 모형이 종속변수 '了'를 52% 설명한다. 어떻게 보면 설명력이 작다고 볼 수도 있겠다. 그러나 다른 측면에서 보자면 다양한 변인들이 많은 상황에서 시간부사와 시간명사가 '了'의 사용에 52% 정도 설명력을 준다는 것은 충분히 의미 있는 수치이다.

이상으로 회귀분석에 대해 간단히 살펴보았다. 앞에서도 설명했듯이 회귀분석은 독립변수와 종속변수 사이의 영향 관계를 가정하고 그 관계를 수치로 설명하는 통계 방법이다.

## 제8장

중국어의 시제(tense)와 상(aspect)에 대한 코퍼스 언어학적 분석

8.1. 중국어의 시제(tense)

8.1.1. 중국어의 시제는 주로 시간명사나 시간부사로 표현

중국어는 과거, 현재, 미래를 나타내는 문법 표지가 덜 발달되어 있다. 이런 의미에서 중국어는 언어유형학적으로 무시제 언어(tenseless language)라고 불리기도 한다. 중국어에서 발화된 문장이 과거인지 현재인지를 판단하기 위해서는 앞뒤 문맥을 참고하거나 시간부사 등을 참고해야 한다. 많은 경우에 중국어 시제는 단문에서 시간명사나 시간부사와 같은 어휘적 수단으로 판단할 수 있다.

가. 현재 시제

중국어의 현재 시제는 주로 시간명사나 시간부사로 표현된다.

(1) 我每天早上六点起床。
나는 매일 아침 6시에 일어난다.
(2) 他每天早上吃5个包子，喝一杯牛奶。

그는 매일 아침 만두 5개를 먹고 우유 한 잔을 마신다.
(3) 他现在吃饭。
그는 지금 밥을 먹는다.

나. 미래시제

중국어의 미래시제는 주로 미래를 나타내는 시간명사, 시간부사로 표현
된다. 경우에 따라서는 추측, 판단, 의지, 바램, 당위 등을 나타내는 조동사
등이 미래 시제를 나타내기도 한다. 한편 가까운 미래를 나타낼 때는 "快
(要) ~了", "就 (要) ~了" 등과 같은 우언적 구성이 사용되기도 한다.

(4) 我明天去北京。
나는 내일 베이징에 간다.
(5) 他会来韩国。
그는 한국에 올 것이다.
(6) 这个周末你想做什么?
이번 주말에 너 뭐할거니?
(7) 快要下雨了。
곧 비가 내릴 거야.

다. 과거시제

중국어에서 과거 사건을 나타낼 때는 일반적으로 시간명사나 시간부
사를 사용한다. 과거를 나타내는 시간표현이 사용되면 동사 술어나 형용
사 술어에 다른 표지가 부가되지 않아도 과거시제로 해석된다.

(8) 昨天天气非常冷, 可是今天比较暖和。
어제는 날씨가 아주 추웠지만 오늘은 비교적 따뜻하다.
(9) 去年他去北京学汉语。
작년에 그는 중국어 배우러 베이징에 갔다.

(10) 他们已经回家了。
그들을 이미 집으로 돌아갔다.

중국어에서 일부 문법적 표현은 과거에 사건이 발생했음을 함축한다. 예를 들어 경험을 나타내는 '过'는 사건이 과거에 발생했음을 내포한다. '是……的' 구문도 사건이 과거에 발생했음을 강조하는 표현이다. 그러나 과거 사건을 함축하고 있다고 해서 이러한 문법 형태가 과거시제 표지는 아니다. 모든 과거 상황에서 이런 문법 표현이 사용되는 것은 아니기 때문이다.

(11) 我吃过中国菜。
나는 중국요리를 먹어본 적이 있다.
(12) 他是坐飞机来的。
그는 비행기를 타고 왔다.

8.2. 중국어의 상(aspect) 체계

상(aspect)은 일반적으로 동작이나 사건의 완료/미완료 등을 나타내는 문법 체계이다. 중국어는 과거시제나 비과거 시제를 나타내는 문법 표지가 발달하지 않은 대신 완료, 진행, 지속, 경험 등을 나타내는 상 표지가 문법적 기능어(허사)로 풍부하게 사용되는 언어이다.

중국어는 흔히 시제보다는 상(aspect) 체계가 발달한 언어라고 한다. 왜냐하면 중국어에는 시제의 개념을 명시적으로 표현하는 문법소가 많지 않지만 완료나 지속, 진행, 경험 등을 나타내는 문법적 표지가 풍부하기 때문이다. 예를 들어 현대중국어에서 동작의 완료를 표시할 때는 '了'를 사용하고 동작의 진행이나 상태의 지속을 표시할 때는 '着'를 사용한다. 또한 동작의 진행을 나타낼 때는 동사 앞에 '(正)在'라는 문법 표지를 사용한다. 즉 현대중국어는 외현적으로 시제의 개념을 명확히 표현하는 문법적 표지가 적은 대신 동작의 완료, 미완료(지속, 진행 등)을 나타내는 상 표지가 발달한 언어로 볼 수 있다.

[표 8-1] 중국어의 상 표지

상 표지	了	着	(正)在	过
기능	완료, 완성	진행, 지속	진행	경험

(13) 他 爱 上 了 一个 韩国 姑娘。
그는 한국 아가씨를 사랑하게 되었다. (완료:了)
(14) 外面 还 下 着 大雨 呢。
밖에 아직 큰 비가 오고 있다. (지속: 着)
(15) 他们 正在 调查 交通事故 的 原因。
그들은 교통사고의 원인을 조사하고 있다.(진행:正在)
(16) 我 还 没 吃 过 臭豆腐。
나는 아직 썩힌 두부요리를 먹어보지 못했다. (경험:过)

8.3. 코퍼스에 기초한 중국어의 상 연구 실례
- 지속상과 진행상 분석을 중심으로

중국어의 상은 시간의 내적 구성과 관련하여 크게 완정상(perfective)과 비완정상(imperfective)으로 나뉜다. 그 중에서 '了'와 같은 완정상 연구는 이미 많은 연구가 이루어져 왔다. 이에 비해 '着'나 '在' 등과 같이 지속이나 진행을 나타내는 비완정상에 대해서는 상대적으로 연구가 적은 편이다. 그러나 최근 들어 중국어의 비완정상에 대한 연구도 주목을 받고 있어 '着'와 '在'의 문법적 기능의 차이라든지 '起来'의 상적 기능 등에 대한 연구 결과가 나오고 있다. 본 사례 분석에서는 최근 논의되고 있는 비완정상 표지를 중심으로 상 표지의 결합양상과 문법적 기능에 대해 고찰해보고자 한다.[92]

현대중국어의 비완정상의 범주에 대한 연구는 Smith(1991,1997), Yang (1995), 戴耀晶(1997), Xiao & McEnery(2004) 등에서 폭넓게 다루어졌다. 이러한 연구는 상 범주라는 틀 안에서 중국어와 비완정상 표지의 문법적 특징을 체계적으로 기술하였다는 점에서 의의가 있다. 정지수(2010), 박민아(2010), 이명정(2010) 등에서도 중국어의 상 범주를 새롭게 밝힌 측면이 있다고 판단된다. 이은수(2006), 최규발·정지수(2007), 김덕균(2008)의 연구에서는 진행상과 지속상의 문법적 특징을 기술하였는데 이 역시 한 단계 심화된 연구이다. 본 사례 분석에서는 이러한 선행연구의 토대 위에서 비완정상의 상적 자질과 [±durative(지속성)], [±telic(종결성)], [±dynamic (동태성)] 등과 같은 상황유형이 실제 언어 자료 속에 어떻게 드러나고 있는지를 통계적으로 검증해 보고자 한다.

분석의 내용은 크게 다음의 몇 가지로 나누어진다.

첫째 중국국가코퍼스(国家语委语料库)[93]에서 비완정상 표지 '在'와 '着'가 사용된 예문을 모두 검색하여 저장한 다음 어떠한 동사들과 결합되는지를 분석한다. 코퍼스에 기초한 상 체계 연구는 Xiao & McEnery(2004)

---

92) 중국어 진행상과 지속상의 사례 분석은 강병규(2011)의 연구를 기초로 작성되었다.

93) 중국국가 코퍼스 자료에 대한 검색은 2011년 3월 8일~9일에 이틀에 걸쳐 语料库在线 (http://www.cncorpus.org)를 이용하여 이루어졌다. 이 사이트는 최근 보완된 기능을 갖추고 있어 5,000개 문장까지는 내려받기가 가능하다.

에서 시도되었지만 그가 사용한 영국 LCMC 코퍼스는 규모가 작고 중국 대륙의 전형적인 문장이 아닌 것도 포함되어 있다[94]. 뿐만 아니라 그가 추가로 사용한 Weekly Corpus는 중화권 신문, 뉴스만을 부분적으로 담고 있기 때문에 상 표지의 출현이 상대적으로 제한된 형태로 나타난 측면이 있다. 정지수(2010)에서도 소설 작품 1권을 대상으로 분석했기에 다양한 용례를 보여주지는 못했다.

둘째로 중국어 동사의 문법 정보가 상세하게 기록된 데이터베이스 자료를 검토하고자 한다. 본고에서 사용한 자료는 北京大学의 『현대중국어 문법정보사전(現代汉语语法信息词典)』데이터베이스를 기반으로 하고 있다. 이 자료 안에는 1만개 이상의 중국어 동사에 대한 문법정보가 기록되어 있어 방대한 현대중국어 문법정보를 분석할 수 있다. 이 데이터베이스에서 코퍼스 출현빈도가 높은 상용동사를 중심으로 다양한 문법 결합 정보를 살펴보는 것은 비완정상 표지 '在'와 '着'의 특징을 통계적으로 귀납하는데 큰 도움이 될 것이다. 이러한 분석을 토대로 우리는 선행연구자들이 설명한 비완정상 표지 '在'와 '着'의 특징이 실제 언어 자료에서 어떻게 사용되고 있는지를 구체적으로 검증해볼 수 있을 것이다.

8.3.1. 선행 연구에 대한 고찰

진행과 지속을 나타내는 '在'와 '着'에 대해서는 여러 문법서에 용법이 기술되어 있기는 하지만 본고에서는 범언어적인 상 개념에 기초하여 중국어의 상 범주를 논한 연구를 기본 출발점으로 삼고자 한다. 특히

---

94) The Lancaster Corpus of Mandarin Chinese (LCMC)는 영어 코퍼스인 FLOB와 FROWN 코퍼스를 모방하여 만든 중국어 코퍼스이다. 이에 대한 자세한 것은 다음의 사이트를 참고하기 바람. http://www.lancaster.ac.uk/fass/projects/corpus/LCMC/

Smith(1991,1997), Yang(1995), Xiao & McEnery(2004), 陈前瑞(2008) 등의 상 범주 분류 개념을 주요한 이론적 근거로 차용하고자 한다. 상(aspect)은 상황의 내적인 시간 구성을 바라보는 방법이라는 Comrie(1976)의 말처럼 시간의 내적 구조와 관계되는 개념이다. 이는 발화시점이나 참조시점 등 과 같은 시제(tense)와는 구별된다. 시제가 어떤 시점을 기준으로 하여 상 황의 시간적 위치 관계를 나타내는 범주라면 상은 사건 발생의 시점이 아니라 상황의 내적인 시간 구성과 관련된 범주이다.

시간의 내적 구성은 크게 완정상과 비완정상으로 나누어진다. 이러한 관점에 따르면 '在'와 '着'는 지속과 진행을 나타낸다는 점에서 대개 비완 정상으로 분류된다. 그리고 상 범주는 Smith(1997)이래로 제시된 관점상 (viewpoint aspect)과 상황상(situation aspect) 등의 층위로 나누어 볼 수 있다. 관점상은 사건 전체에 대한 상적 속성을 부여하는 것으로서 상 표지를 통해서 드러난다. 대개 완정상 표지와 비완정상 표지가 관점상과 관련된 다. 이에 비해 상황상 또는 상황 유형(situation type)은 어휘적 차원의 개 념으로서 동사 자체의 어휘적 속성에 내포되어 있거나 동사와 논항의 결합으로 드러난다. Smith(1997), Yang(1995), Xiao & McEnery(2004) 등에서 는 상황 유형에 따라 중국어 동사를 활동동사, 순간활동동사, 상태동사, 달성동사, 성취동사로 나누고 있다. 동사의 상황 유형을 구분하는 자질 로는 [±durative(지속성)], [±telic(종결성)], [±dynamic(동태성)] 등을 들 수 있 다. 예컨대 동사 자체에 [-durative]/[+telic] 자질을 가지면 성취동사 (achievement)로 분류되고 [+durative]/[-telic] 자질을 가지는 동사는 활동 동사로 분류되는 식이다. 여기에 중국어 동사를 대입해 보면 '死(죽다)', '去(가다)', '赢(이기다)' 등은 동사 자체에 지속성 자질이 없고 그 자체가 하나의 사건 종결성으로 나타내므로 성취동사이다. '跑(달리다)', '唱(노래하다)' 등은 [＋지속성]/[−종결성]이므로 활동동사로 분류될 수 있다. 다시 말하면 상황상은 동사 내부에 본유적으로 포함되어 있는 종결이나 지속 등과 같은 상적 자질을 가리킨다. 그리고 관점상은 사건 전체에 부여된 상적 속성으로서 대개 상 표지를 통해 명시적으로 드러난다. 이러한 분류에 따르면 '在'와 '着'는 미완료를 표시하는 관점상 표지로 볼 수 있다.

Smith(1997)은 중국어의 '在'와 '着'를 진행(progressive)과 정태(stative) 혹은 지속(durative)을 나타내는 관점상 표지로 보았다. 이러한 관점은 Yang (1995), Xiao & McEnery(2004), 陈前瑞(2008)에도 그대로 수용되고 있다. 본고에서도 이들의 견해에 따라 '在'와 '着'를 관점상 표지로 보고 논의를 진행하기로 한다.

일반적으로 한 문장에서 시간의 내적 구성은 상황상과 관점상의 결합을 통해 드러난다. 문장 안에서 중심술어로 기능하는 동사는 어휘적 상황상을 나타낸다. 만약 거기에 진행이나 지속이라는 미완료의 관점상을 부각시키려면 다른 표지를 첨가해야 한다. 이러한 의미에서 '在'와 '着'는 충분히 그러한 문법적 기능을 하는 관점상 표지로 이해할 수 있다.

지속이나 진행과 관련된 비완정상 표지 기능에 있어 중국어는 한국어에 비해 비교적 분화된 체계를 가지고 있다. 한국어에서는 진행이나 지속을 나타낼 때 일반적으로 '(-고) 있다'라는 형태가 사용된다. '(-고) 있다'는 (1)에서처럼 동작의 진행을 나타내기도 하고 (2)처럼 동작의 상태를 나타내기도 한다.

(1) 철수는 달리기를 하고 있다.
(2) 영희는 빨간 모자를 쓰고 있다.

(1-2)에서 한국어의 '(-고) 있다'는 진행의 의미를 나타내기도 하고 상황의 지속을 나타내기도 한다. 그러나 (1-2)를 중국어로 바꾸어보면 (3-4)와 같이 다른 문법적 표지로 나타낼 수 있다.

(3) 他　　在　　跑步　　　呢。
(그) (-진행) (달리다) (-조사)
그는 달리기를 하고 있다.

(4) 他　　戴　　着　　红 帽子。
(그) (쓰다) (-지속) (빨간 모자)
그는 빨간 모자를 쓰고 있다.

(3)에서는 달리는 동작의 동태적 의미를 부각시키는 '在'를 사용하였고 (4)에서는 모자를 쓰고 있는 상태를 나타내는 '着'를 사용하였다. 한국어에 비해 중국어는 진행이라는 동태적 의미를 부각시킬 때 '在'를 사용하고 지속이라는 의미를 나타낼 때 '着'를 사용하기 때문에 진행상과 지속상이 어느 정도 구별되는 특징이 있다.

그러나 비완정상 표지 '在'와 '着'의 기능이 언제나 확연하게 구분되는 것은 아니다. '在'가 진행을 나타내는 것은 문제가 없지만 '着'는 동사에 따라 지속의 의미를 나타내기도 하고 진행의 의미를 내포하기도 한다. 많은 경우에 진행과 지속의 의미가 서로 확연하게 구분되지 않는다. 상황에 따라 '着'는 진행의 의미를 나타낼 수 도 있다. 예를 들어 "그들은 아직도 중국 영화를 연구하고 있다(他们还研究着中国电影)"라는 문장에서 '着'는 지속의 의미도 있지만 진행의 의미를 내포하고 있다. 김덕균(2008: 49-50)과 陈忠(2009:2-3)이 지적하고 있듯이 '着'는 진행과 지속의 의미가 서로 교차되어 사용되지만 상황에 따라서 (5.a)와 (6.a)처럼 완전한 문장이 되고, (5.b)과 (6.b)처럼 그 자체로는 온전한 문장이 되지 못한다.

    (5) a. 他提着书包. (그는 책가방을 들고 있다.)
       b. *他买着书包. (그들은 책가방을 사고 있다.)
    (6) a. 他开着门. (그는 문을 열고 있다.)
       b. *妈妈读着信. (어머니는 편지를 읽고 있다.)
    (7) a. *连长在拍手, 表示同意.　　　b. 连长拍着手, 表示同意.
       (중대장은 손뼉을 치면서, 동의를 표명했다.)
    (8) a. "说呀! 我们在问你."　　　　b. *"说呀! 我们问着你."
       (말해, 우리는 너에게 묻고 있어.)

또한 (7.a–b)에서는 동일한 통사 구조를 가지고 있지만 '在'를 사용한 (7.a)는 어색한 문장이 되고 '着'를 사용한 문장 (7.b)만 적절한 표현이 된다. 그러나 (8.a–b)에서는 그 반대의 경우이다. 이들은 모두 진행의 의미와 지속의 의미가 내포되어 있는데 상황에 따라 쓰임이 다르다. 이에 대해 Xiao & McEnery(2004:182)는 '着'는 '(V+着)+VP'구조에서 부사어로 사용될 수 있지만 '在'는 연동문에서 상황을 묘사하는 부사어로 사용될 수 없다고 설명하였다. 陈楠楠(2010:58)은 중국어의 '着'도 '在'와 같이 진행의 의미를 표현할 수 있지만 '在' 보다는 여러 성분 제약을 받는다고 주장하였다. 그는 진행상과 지속상의 개념은 복합적이어서 주변 성분들과의 결합 관계를 종합적으로 고려해서 판단해야 한다고 보았다. 김덕균(2008: 51-52)은 비완정상 표지 '在'와 '着'의 문법 기능에 대한 선행 연구를 다음과 같이 정리하였다.

    (9) 비완정상 표지 '在'와 '着'의 기능
      a. '在': [+진행] [−지속]　　'着': [+진행] [+지속]
      b. '在': [+동작성] [−상태성]　'着': [+동작성] [+상태성]

(9)에서와 같이 '在'에 대한 기존의 견해는 대체로 진행을 나타내는 표지라는 것이다. 특히 '在'는 동작의 동태성을 부각시키는 기능을 한다고 보고 있다. 다만 '在'가 문법화된 관점상 표지인지 어휘적 의미를 가지는 부사인지는 아직 논란이 되고 있다. 그리고 미완료상 표지 '着'는 주로 동작이나 상태의 지속을 나타낸다고 보는 의견과 진행의 의미를 가진다는 의견으로 나뉜다. Smith(1997), Yang(1995), Xiao & McEnery(2004), 陈前瑞(2008) 등은 지속상이 '着'의 주요 기능이라고 보는 반면 朱德熙(1980), 呂淑湘(1984), 陸儉明(2003) 등의 전통 어법학자들은 진행의 의미를 주요 기능으로 보고 있다. '着'가 지속의 의미를 가지는지 진행의 의미를 가지는지는 다각적인 검토가 필요하다. 또한 최근들어 '着'가 지속을 나타낼 때 결과성(resultative) 자질이 있는지 아니면 동작상태의 지속만을 나타내는지도 계속 논란이 되고 있는데 이에 대한 논의도 계속 검토할 필요가 있다.

8.3.2. '在'와 '着'의 통사적 분포에 대한 코퍼스 통계 분석

일반적으로 비완정상 표지 '在'와 '着'가 가지는 상적 자질은 동사와의 결합에 의해서 실현된다. 따라서 이들이 어떠한 동사들과 자주 결합되어 사용되는지를 살펴보는 것은 상 범주 연구의 핵심 과정 중의 하나이다. 이를 위해 본고에서는 중국어 코퍼스 자료를 활용하여 '在'와 '着'가 사용된 문장을 모두 검색하여 분석해 보았다.

본고에서 사용한 중국어 코퍼스는 중국 교육부 산하 연구기관인 국가언어문자사업위원회(国家语言文字工作委员会)에서 개발한 현대중국어 통용 균형 말뭉치(现代汉语通用平衡语料库)이다. 이 코퍼스는 중국정부에서 개발

된 것으로서 다양한 장르의 언어자료들이 골고루 수록되어 있을 뿐만
아니라 품사 표기가 되어 있다는 장점이 있다. 코퍼스를 검색할 때는 전
치사 '在/p'는 배제하고 진행을 나타내는 '在/d'만 추출하거나 동사 뒤에
붙는 '着/u'만 찾아볼 수 있어서 편리하다. 이러한 방법으로 중국어 코퍼
스에서 비완정상 표지 '在'와 '着'가 사용된 예문을 모두 저장할 수 있
다95). 필자는 이들과 결합되는 동사의 유형을 조사하기 위해 인터넷 검
색자료를 텍스트에디터와 엑셀을 사용하여 정리하였다. 이러한 과정은
대체로 다음과 같이 요약된다.

(A) 중국어 코퍼스에서 '在'와 '着' 예문 검색
↓
(B) '在'·'着'와 결합된 동사 유형을 컴퓨터에 저장
↓
(C) 텍스트에디터와 엑셀을 이용하여 통계 분석

가. 비완정상 표지 '在'와 '着'의 사용빈도

중국어 코퍼스 자료 분석 결과에 따르면 비완정상 표지 '在'와 '着'의
사용빈도는 비교적 큰 차이를 보인다. 사용빈도면에서는 '着'가 '在'보다
훨씬 높은 비율로 출현한다. '在'는 총 5,367개가 사용된 반면 '着'는 40,596
개가 관찰되었다.96) 사용 비율로 계산해 보면 '在'와 '着'는 약 1 : 7.6으로

---

95) 최근에 중국국가말뭉치 검색 시스템이 새로 보완되어 예문 5,000개까지는 쉽게 내려 받기
를 할 수 있다. 그러나 着의 경우는 예문이 4만개가 되어 모든 문장을 내려 받지 못하였다.
필자는 일일이 그것을 500개 단위로 검색하여 저장하여 4만개 전체를 통계 분석하였다.

96) 코퍼스에서 진행을 나타내는 형식은 '在＋V'와 '正在＋V'로 나누어져 검색되었다. '在＋V'
형식으로 사용된 예문은 2,847개이고 '正在＋V' 형식의 예문은 2,520개이다. 이를 합치면
모두 5,367개이다. 본고에서는 이 두 가지를 합쳐 진행을 나타내는 표지로 분류하였다.

서 '着'가 7배 이상 자주 출현한다. 이를 정리하면 아래의 표와 같다.

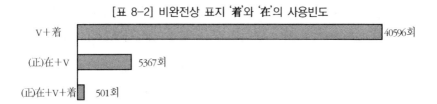

[표 8-2] 비완전상 표지 '着'와 '在'의 사용빈도

위의 표에서 보이듯이 사용빈도 측면에서 비완전상 표지 '在'보다는 '着'가 훨씬 많이 사용된다. 그리고 진행표지 '在'가 사용된 용례 중에 약 10%(501회)는 '(正)在+V+着' 형태로 공기한다는 것도 관찰할 수 있다.

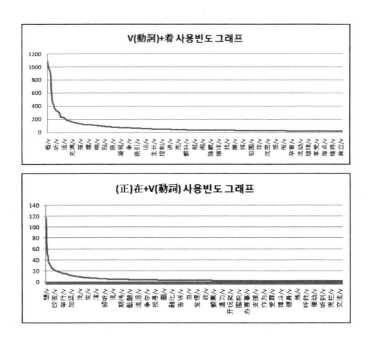

이번에는 '在'·'着'와 자주 결합되는 동사들은 어떠한 것들이 있는지 알아보기로 한다. 코퍼스 자료에 출현한 예문을 다시 분석하여 동사들의 사용빈도를 조사한 결과 일정한 경향성을 발견할 수 있다. 그래프에서 보이듯이 사용빈도의 측면에서 비완정상 표지 '在'·'着'와 자주 결합되는 동사들의 사용빈도는 소위 'Zipf의 분포(Zipf's dis-tribution)'을 보인다. Zipf 의 분포 법칙은 언어 사용의 빈도와 단어의 상관관계를 보이는 하나의 경향성이다. 이 법칙에 따르면 실제 언어생활에서 소수의 고빈도 단어가 전체 단어 사용빈도의 대부분을 차지한다. 비완정상 표지 '在'와 '着'의 분포도 마찬가지이다. '在'·'着'와 결합되는 동사들도 사용빈도의 불균형 성을 보인다. 그래프에서 보이듯이 '在' 또는 '着'와 결합되는 동사 중에 소수의 동사들은 사용빈도가 아주 높다. 반면에 대부분의 동사들은 사용 빈도가 상대적으로 높지 않다. 그래서 위의 그래프와 같이 사용빈도의 기울기가 마치 '＼_'자 형태를 보인다. 예를 들어 '着'와 결합되는 '看(보 다)', '带(데리다)', '拿(가지다)', '听(듣다)', '意味(의미하다)', '活(살다)' 등과 같은 일부 동사들은 사용빈도가 아주 높다. 심지어 '看＋着'과 '带＋着'는 코퍼 스에서 1,000회 이상 사용되었다. 그러나 이러한 동사들은 소수에 불과 하다. 다수의 동사들은 사용빈도가 상대적으로 높지 않다. 많은 동사들 은 '在'와 '着'와 공기하여 출현한 횟수가 1～10회에 불과하다. 이러한 측 면에서 비완정상 표지 '在'·'着'와 결합되는 동사의 종류는 많지만 그 사 용빈도는 동일하지 않다고 할 수 있다.

나. '在'·'着'와 동사의 통사적 결합 관계 양상

이번에는 비완정상 표지 '在'·'着'와 공기관계를 가지는 동사들의 분 포를 알아보기로 한다.

본고에서는 한 어휘가 얼마나 다양한 어휘들과 결합하는지를 알아보기 위해서 기술통계 분석 방법을 적용해 보았다. 기술통계 분석이라는 것은 결합하는 어휘들의 종류와 평균 빈도, 표준편차, 최대값, 최소값 등을 계량화해서 알려주는 것이다. 이러한 통계 수치를 통해 비완정상 표지 '在'와 '着'는 주로 어떠한 동사들과 어느 정도의 빈도로 결합되는지를 알 수 있다. 아래의 표는 중국어 코퍼스에서 2회 이상 출현한 동사들을 모두 대상으로 하여 분석한 결과이다.[97]

[표 8-3] '在' · '着'와 공기하는 동사들의 분포와 빈도

항목	在+V(동사)	동사(V)+着
공기하는 동사의 종류	766개	2111개
동사의 평균빈도	5.3회	18.8회
중앙값	3.0	5.0
표준편차	8.9	61.8
분산	79.7	3814.3
첨도	79.7	154.8
왜도	7.7	11.0
최소빈도	2	2
최대빈도	117	1079

[표 8-3]에서 보이듯이 '在'와 결합되는 동사는 766개인데 비해 '着'와 결합되는 동사는 2,111개이다. 이를 통해 '着'가 '在'보다 다양한 동사와 자유로운 결합을 한다는 것을 알 수 있다. 동사의 평균 빈도를 볼 때에

---

97) 본고에서는 출현빈도가 2회 이상인 것을 계산에 포함시켰다. 수천만자의 코퍼스에서 1회 밖에 출현하지 않은 예들은 우연의 일치이거나 잘못 분석된 예들일 가능성이 있다고 판단되었기 때문이다. 전체 자료에서 1번 밖에 사용되지 않은 경우는 그것이 자연스러운 결합인지를 판단하기 어려우므로 통계 분석에서 배제하는 경우가 많다.

도 '在'는 5.3회인데 비해 '着'와 결합되는 동사는 18.8회로서 사용빈도가
더 높다. 그러나 분산과 표준편차 수치를 보게 되면 '着'가 상당히 높다.
이는 자주 사용되는 동사와 그렇지 않은 동사의 편차가 크다는 것을 의
미한다. 상대적으로 '在'는 '着'에 비해 분산과 표준편차가 낮아 동사간의
빈도 차이가 크지 않다. 이러한 것을 종합해 볼 때 비완정상 표지 '着'는
'在'보다 훨씬 다양한 동사들과 결합되고 사용빈도의 차이도 크다는 것
을 알 수 있다.

본고에서 조사한 중국어 코퍼스 분석 결과를 보면 이명정(2010)의 해석
과는 다른 결과를 보인다. 이명정(2010:77)은 '在'와 공기할 수 있는 동사가
상당히 많다고 하였으나 실제로 중국어 코퍼스 전체를 조사한 결과 '在'
는 '着'에 비해 사용빈도도 낮고 결합되는 동사의 범위도 제한적이다. 이
러한 차이가 나는 것은 아마도 그가 북경대학 코퍼스에서 소수의 동사
에 대한 용례를 검색하여 일반화했기 때문이라고 생각된다. 만약 비완정
상 표지 '在'와 '着'에 대한 모든 동사의 결합 양상을 조사했다면 그 결과
가 달랐을 것이다. 그러나 북경대학 코퍼스는 품사 분석이 안 된 원본
자료이기 때문에 이러한 분석을 하기에는 어려운 점이 많아 모든 동사
를 다 조사할 수 없었을 것이다. 이러한 측면에서는 중국 국가 코퍼스가
자료 분석상의 장점을 가진다.[98]

중국어 코퍼스 분석을 통해서 발견할 수 있는 또 다른 특징은 '在'·

---

98) 코퍼스 분석을 할 때는 북경대학 코퍼스처럼 대용량 원문 자료를 검토하는 것도 좋지만
품사 표기가 되어 있는 코퍼스를 정밀 분석하는 작업이 필요하다. 대개 품사 표기가 된
코퍼스는 규모가 상대적으로 크지 않지만 중국 국가 코퍼스는 이미 상당한 규모를 가지
고 있다. 2,000만자 규모이면 이미 LCMC 코퍼스보다는 훨씬 큰 규모이므로 통계적으로
충분히 유의미한 경향성을 발견할 수 있다. 따라서 양적 연구와 질적 연구가 원활하게
되기 위해서는 북경대학 원문 코퍼스 같은 자료와 중국 국가 코퍼스처럼 품사 분석이
된 자료를 적절히 사용하는 것이 바람직하다.

'着'와 결합되는 동사의 종류가 다른 분포를 보인다는 점이다. 바꾸어 말하면 비완정상 표지 '在'와 '着'는 동사의 특성에 따라 다르게 사용된다. 코퍼스를 관찰해 보면 같은 동사라 하더라도 '在'와 자주 결합되는 것이 있고 '着'와 자주 결합되는 것이 있다. 어떤 동사는 주로 'V+着'의 형태로 사용되는 반면 어떤 동사는 '(正)在+V'의 형태로 자주 사용된다. 아래의 표는 동사와 공기하는 '在'·'着'의 사용빈도 차이를 보여주는 실례이다.

[표 8-4] 동사와 '在'·'着'의 공기 빈도 차이

'着'와 자주 결합되는 동사			'在'와 자주 결합되는 동사[99]		
동사	'在'의 공기빈도	'着'의 공기빈도	동사	'在'의 공기빈도	'着'의 공기빈도
带	2회	1,014회	形成	32회(792회)	2회(15회)
望	6회	977회	成为	14회(769회)	0회(8회)
意味	0회	319회	扩大	24회(666회)	3회(32회)
坐	1회	309회	举行	15회(505회)	1회(20회)
活	1회	224회	努力	17회(1191회)	1회(43회)

위의 표에서 보이듯이 '带', '望', '活' 등의 동사는 '带着', '望着', '活着'처럼 자주 사용되지만 '*在带', '*在望', '*在活' 형태로는 잘 쓰이지 않는다. 이와 반대로 '形成', '成为', '扩大', '举行', '努力' 등의 동사는 '着'와는 자주 결합되지 않고 '在形成', '在成为', '在扩大', '在举行', '在努力'의 형태로 자주 사용된다. 다음의 예문을 보자.

(10) 他们带着7岁的儿子来看展览。(*在带)
그들은 7살 된 아들을 데리고 전시회를 보러왔다.

---

99) 괄호 안의 사용빈도는 북경대학 CCL 코퍼스(http://ccl.pku.edu.cn))에서 조사한 것이다.

(11) 全世界人民的睛睛都望着你们。(*在望)

그 전세계인들이 당신들을 주목하고 있다.

(12) 他还活着呢。(*在活)

그는 아직 살아 있다.

(13) 青年教师的流失也正在成为问题。(*成为着)

청년 교사들이 사라지는 것이 문제가 되고 있다.

(14) 个性化的现代教学观正在形成。(*形成着)

개성화된 현대 교육관인 형성되고 있다.

(15) 他俩都在努力, 不使眼光相遇。(?努力着)

그 두 사람은 눈을 서로 마주치지 않으려고 노력하고 있다.

(10-15)에서 보이듯이 비완정상 표지 '在'와 '着'는 통사적 분포 면에서 차이점을 가지고 있다. 물론 '看', '想', '等' 등과 같은 활동동사(activity) 들은 '在'와 '着'를 모두 사용할 수 있다. 그러나 어떤 동사들은 '在'와 '着'에 대한 결합 정도가 다르다. 이에 대해 Smith(1997:19), Xiao & McEnery (2004:41), 최규발·정지수(2010:11), 이명정(2010:77) 등은 동사의 [+durative] [+dynamic] 특성의 유무에 따라 '在'와 '着'를 취하는 정도가 다르다고 하였다. 이들에 따르면 '着'는 [+durative]의 자질을 가지는 동사들과는 결합하는 것이 기본이다. 그리고 '在'는 주로 [+dynamic] 특성을 가진 동사들과 결합한다. 그러나 비록 이러한 대체적인 분류가 맞기는 하지만 최규발·정지수(2010)에서 말하는 것처럼 동사의 [+durative] [+dynamic] 자질 구분이 절대적인 것은 아니다. 예를 들어 '有着', '意味着'가 반드시 [+durative]의 자질을 가지고 있다고 만은 할 수 없다. 이들의 논의에서 '正在成为', '正在形成'이 [+dynamic]의 특성을 가질 때 '成为', '形成' 등이 어떤 특성을 가지는지에 대해서는 자세한 설명이 없다. 이명정 (2010:77)에서 '在'는 [+durative] 자질을 전제 조건으로 하여 그 안에 동태

적 특성인 [+dynamic]의 자질을 부가한다고 하였으나 이는 충분한 설명이 되지 못한다. 만약 [+durative] 자질이 전제 조건이 된다면 '在'가 사용된 모든 문장은 '着'를 쓸 수 있어야 한다. 그러나 '正在成为', '正在形成' 처럼 '在'와 자연스럽게 공기할 수 있는 동사라도 '*成为着', '*形成着' 처럼 지속상태 표지 '着'와는 공기하지 않는다. 따라서 비완정상 표지 '在'와 '着'의 결합 양상은 동사의 상황 유형을 종합적으로 재검토할 필요가 있다.

8.3.3. 동사 데이터베이스를 이용한 '在'와 '着'의 결합 관계 비교

이 장에서는 중국어 코퍼스 분석을 기초로 하여 동사 데이터베이스에 저장된 비완정상 표지 '在'와 '着'의 문법 정보를 고찰하기로 한다. 본고에서 사용한 동사 데이터베이스는 『현대중국어문법정보사전(現代汉语语法信息词典)』(이하에서는 『语法信息词典』으로 약칭함)에서 추출한 것이다.[100] 이 데이터베이스에는 중국어 동사에 대한 여러 가지 문법 정보를 담고 있다. 본고에서는 이 자료 중에 코퍼스 사용빈도가 높은 동사 2,500개를 선별하여 분석을 실시하였다.[101] 『语法信息词典』 데이터베이스 항목에는 40가지 이상의 동사 문법 정보가 저장되어 있다. 예컨대 자동사와 타동사, 체언 목적어와 용언 목적어, 결과보어, 방향보어, 시량보어, 동량보어, 상 표지('了, 着, 过, 在'등의 결합 여부), 부정사, 이합동사 등에 대한 기본적인

---

100) 이 자료는 北京大学 计算语言学研究所 俞士汶교수가 연구 목적으로 사용하는 조건으로 제공해 준 것이다.

101) 원래 『现代汉语法信息词典』에는 코퍼스 사용빈도가 제시되어 있지 않다. 이에 필자는 중국 국가 코퍼스에서 '在' 또는 '着'와 1회 이상 공기한 모든 동사를 정리하였다. 그리고 『现代汉语法信息词典』에서 이 동사 목록에 대한 문법 정보를 비교하였다. 그 중에서 상위 빈도 2,500여개의 동사(정확히는 2,598개)에 대해 분석을 실시하였다.

정보가 [±X]형태로 기술되어 있다. 본고는 동사의 여러 정보 중에서 '了, 着, 过, 在' 등과 같은 상 표지 결합과 관계된 부분을 중심으로 엑셀 데이터에 정리하여 분석하였다.

중국어 동사 2,500개의 상 표지 결합 정보를 분석하는 목적은 기존 연구 결과를 1차적으로 검증하기 위한 것이다. 기존의 연구에서는 주로 100-200개 내외 또는 소량의 코퍼스 상에서 나오는 전형적인 동사에 대해서만 기술을 했다. 그러므로 본고에서 2,500여개 동사를 모두 살펴보는 것은 이들의 연구와는 차별성을 가진다. 이렇게 수많은 동사들을 고찰하는 것은 그 자체만으로도 이전에 시도하지 않았다는 측면에서 의미 있는 시도일 것이다. 더 나아가 이러한 연구는 동사와 상 표지의 결합 양상에 대한 기존 연구를 검증하고 수정하는데 충분한 자료로 활용될 수 있다.

가. 『语法信息词典』과 상 표지 '在' · '着'의 결합 양상 비교

『语法信息词典』 데이터베이스에 나타난 상 표지의 결합 양상은 크게 다음과 같이 분류할 수 있다.

(16) a. 진행표지'(正)在' 사용 가능한 동사
　　 b. 완료표지 '了' 사용 가능한 동사
　　 c. 지속표지 '着' 사용 가능한 동사
　　 d. 경험표지 '过' 사용 가능한 동사

아래의 표는 이러한 동사와 상 표지의 결합 양상을 보여주는 실례이다.

[표 8-5] 『语法信息词典』 상 표지 결합 양상

동사	(正)在	동태조사	결과보어	방향보어	…
提高	在	了过		趋	…
生活		着了过	结	趋	…
要求		了过		趋	…
作	在	着了过			…
代表	在	着了过		趋	…
看	在	着了过	结	趋	…
合作	在	了过	结	趋	…
影响	在	着了过		趋	…
成为		了			…
形成	在	着了过			…
加强	在	了		趋	…
提出		了过			…

본고에서는 (16)의 항목과 [표 8-5]의 자료를 4개의 상 표지 '了, 着, 过, 在'로 나누어서 분석하였다. 그 결과 2,500개 동사에 대해 다음과 같은 경향성을 발견할 수 있었다.

[표 8-6] 상용동사와 상 표지의 결합 비율

문법표지 유형	동사수	비율
완료표지'了' 사용 가능 동사	2196	84.5%
경험표지'过' 사용 가능 동사	2065	79.5%
지속표지'着' 사용 가능 동사	1893	72.9%
진행표지'(正)在'사용 가능 동사	1631	62.8%

『语法信息词典』 데이터베이스 분석 결과에 따르면 완정상 'V+了'를 사용할 수 있는 동사는 2,196개로 전체 동사의 84.5%를 차지한다. 경험

상 'V + 过'를 사용할 수 있는 동사는 2,065개로 79.5%를 차지한다. 한편 지속표지 'V + 着'를 사용할 수 있는 동사는 1,893개로 72.9%를 차지한다. 그리고 진행표지 '(正)在 + V'를 사용할 수 있는 동사는 1,631개(62.8%)이다.

본고에서는 [표 8-6]을 기초로 하여 『语法信息词典』에 기술된 'V + 着' 형식과 '(正)在 + V'형식의 사용 비율을 살펴보았다. '在'와 '着'의 상관관계를 조사하기 위하여 'V + 着'가 가능한 동사와 '(正)在 + V'로 사용될 수 있는 동사 목록을 비교하였다. 『语法信息词典』 데이터베이스에서 편의상 'V + 着' 형식이 가능하면 [+ 着]라고 하고 '(正)在 + V' 형식이 가능하면 [+ 在]라고 표기하여 비율을 살펴보았다. 이러한 방식으로 2500여개 동사에 대한 통계를 내보니 다음과 같은 결과를 얻을 수 있었다.

[표 8-7] 『语法信息词典』에 기초한 비완정상 표지 '在'와 '着'의 상관관계

항목	어휘 분포		비고
	수량	비율	
[+ 在], [+ 着]	1,377	53.00%	看, 说, 想, 等, 采访 등
[-在], [+ 着]	516	19.86%	意味, 存在, 保存, 保留 标志 등
[+ 在], [-着]	254	9.78%	成为, 提高, 解决, 建立, 学习 등
[-在], [-着]	451	17.36%	喜欢, 知道, 接触, 遭遇 등
합계	2,598	100.00%	

[표 8-7]에서 보이듯이 [+ 在], [+ 着]에 해당하는 동사는 모두 1,377개로서 전체 동사의 53%를 차지한다. 이러한 동사에 속하는 것들은 '看, 说, 等, 吃' 등과 같은 활동동사(activity)가 다수를 차지한다. 활동동사는 동사 자체에 종결성이 없으므로 비완정상과는 자유롭게 결합할 수 있는

것으로 판단된다. 다음의 예문을 보자.

(17) [+在], [+着]
　　a. 他正在看书。　그는 책을 보고 있다.
　　b. 她一面看着人家, 一面想着自己。
　　　　그녀는 한편으로는 다른 사람을 보면서 한편으로는 자신을 생
　　　　각하고 있다.

(17)에서 '보다(看)', '생각하다(想)' 등의 동사는 보는 행위와 생각하는 행위가 종결을 내포하지 않고 지속성을 가지고 있다. 이러한 활동동사들은 비완정상 표지 '在'와 '着'를 자유롭게 취할 수 있다.

[-在], [+着] 유형에 해당하는 동사들은 2,500개 중에 516개로서 19.9%를 차지한다. 예를 들어 '意味, 存在, 保存, 有' 등의 동사들이다. 다음의 예문을 보자.

(18) [-在], [+着]
　　a. *这件事在意味什么？
　　b. 这件事意味着什么？
　　　　이 일은 무엇을 의미하고 있는가?

(18)에서 '의미하다(意味)'는 동작성 또는 동태성(dynamic) 자질이 없는 상태동사(stative)이다. 코퍼스에서도 '意味着'라는 표현은 자주 사용되지만 '*在意味'는 거의 사용되지 않는다. 그러나 Xiao & McEnery(2004:188)가 지적하고 있듯이 모든 상태동사가 '着'를 취할 수 있는 것은 아니다. 또 최규발·정지수(2010:11) 동작성이 없다고 해서 모든 진행상 표지 '在'를 사용하지 못하는 것도 아니다. 그러므로 이는 일정한 경향성이지 절대적인

기준은 아니다.

[+在][-着]의 유형으로 분류되는 동사는 2,500개 동사 중에서 254개로서 9.8%를 차지한다. 이것은 『语法信息词典』 동사 데이터베이스의 상용 동사를 중심으로 도출한 결과이다. 이 자료에서 비완정상 표지 '在'와는 결합되지만 '着'와는 결합되지 않는 전형적인 동사들로는 '成为', '提高', '解决', '建立' 등을 들 수 있다.

> (19) [+在], [-着]
> a. 青年教师的流失也正在成为问题。
> b. *青年教师的流失也成为着问题。
> 청년 교사들이 사라지는 것이 문제가 되고 있다.

(19)에서 '~이 되다(成为)'는 '(正)在成为'로는 사용될 수 있지만 '*成为着'로는 거의 사용되지 않는다. '成为', '提高', '解决', '建立' 등의 동사들이 '(正)在成为', '(正)在提高', '(正)在解决', '(正)在建立'로만 사용되고 '着'를 사용할 수 없는 이유는 동사의 상황 유형과 관련된다. 이러한 동사들은 대개 종결성의 자질을 나타낼 뿐 '지속성(durative)' 자질이 없어서 그러할 것이라는 설명이 현재로서는 가장 합리적인 해석이다. 그러나 지속성이 없는 동사들이 어떻게 진행 표지를 쓸 수 있는지의 문제가 발생하므로 이에 대해서는 더 논의가 필요하다.

마지막으로 [-在], [-着] 유형의 동사를 보기로 한다. 본고에서 관찰한 2,500개 동사를 살펴보았을 때 『语法信息词典』에서는 451개의 동사가 이 유형에 속한다고 보고 있다. 예를 들어 '喜欢', '知道', '认识', '接触', '遭遇' 등의 동사들은 '在'·'着'와 잘 결합되지 않는다.

(20) [-在], [-着]
    a. ＊他在喜欢打乒乓球。
    b. ＊他喜欢着打乒乓球。

(20)에서 '좋아하다(喜欢)'은 '＊在喜欢'이나 '＊喜欢着'처럼 잘 사용되지 않는다. 이러한 동사들은 대개 지속성과 동작성이 없는 상태동사 유형에 속하는 것들이다. 그러나 앞에서도 언급했듯이 모든 상태동사가 비완정상 표지 '在'와 '着'를 취하지 못하는 것이 아니므로 더 심도있는 논의가 필요하다. 예컨대 '좋아하다(喜欢)'는 '在', '着'와 결합되지 않지만 '사랑하다(爱)', '감사하다(感谢)' 등의 동사는 '着'를 사용할 수 있다. 다음의 예를 보자.

(21) a. ?我在爱她.
       나는 그녀를 사랑하고 있다.
    b. 他始终真诚地爱着她.
       그는 시종일관 그녀를 진심으로 사랑해 왔다.
(22) a. ?我在感谢你们的邀请.
       저는 여러분들의 초청에 감사해하고 있습니다.
    b. 他内心感谢着自己这几天的苦练.
       그는 마음속으로 요 며칠간의 시련에 감사하고 있다.

(21-22)에서 동사 '사랑하다(爱)'와 '감사하다(感谢)'는 '사랑하고 있다(爱着)', '감사하고 있다(感谢着)'처럼 '着'와 결합하는 것이 자연스럽다. 그러므로 똑같은 인간의 심리상태를 묘사하는 상태동사라고 하더라도 비완정상 표지 '在'와 '着'의 결합에 있어 차이를 보인다. 이러한 현상에 대해서는 개별동사의 사용의 측면에서 더 상세한 고찰이 필요하다고 판단된다. 따라서 Smith(1997)나 Xiao & McEnery(2004), 陈前瑞(2008) 등이 말한 상황유형과 상 표지의 결합은 일종의 의미론적 경향성을 나타낼 뿐 실제 모

든 동사에 그런 의미적 상관관계가 일률적으로 적용되는 것은 아니다. 그 안에는 화용적인 상황이나 관습적인 언어생활 등이 모두 반영되어 있기 때문이다.

2,500여개 동사에 대한 상 표지 결합 양상을 분석한 결과 우리는 비완정상 표지 '在'와 '着'는 동사의 유형에 따라 같이 사용될 수도 있고 그렇지 않을 수도 있다는 것을 알 수 있다. 대체로 종결성이 없고 지속의 자질을 가지고 있는 활동동사들은 '在'와 '着'를 모두 사용할 수 있지만 종결성이 있거나 지속의 자질이 없는 동사들은 그렇지 않다는 경향성이 발견된다. 또한 상태동사들은 동사에 따라서 그 결합의 정도가 차이를 보인다. 중국어 코퍼스와 『语法信息词典』동사 데이터베이스의 문법 정보는 이러한 경향성을 발견하는데 아주 유용한 자료임을 알 수 있다.

나. 『语法信息词典』과 중국어 코퍼스 사용빈도의 차이

『语法信息词典』 데이터베이스는 비완정상 표지 '在'와 '着'의 결합 양상을 파악하는데 유용한 정보를 담고 있지만 그 자료가 절대적인 것은 아니다. 본고는 『语法信息词典』 자료에 나타난 동사를 검토한 결과 일부 동사들은 중국어 코퍼스와 차이를 보인다는 것을 발견하였다. 중국어 코퍼스에서 'V+着'와 '(正)在+V'의 분포는 대체로 『语法信息词典』의 문법 정보와 일치한다. 그러나 일부 동사들은 사용빈도 면에서 차이를 보이고 있다. 중국어 코퍼스에서는 자주 사용되는데 『语法信息词典』에서는 기술되지 않은 문법 현상이 있다. 또한 반대로 『语法信息词典』에서는 사용 가능한 문법 형식이라고 하지만 코퍼스에서는 거의 사용되지 않는 예들도 있다. 이는 중국어 코퍼스의 사용빈도와 『语法信息词典』 항목 사이에 일정한 차이가 있음을 의미한다.[102]

중국어 코퍼스와 차이를 보이는『语法信息词典』의 동사 정보는 주로 '在＋V'와 관계된다. 예를 들어 '잡다, 가지다(拿)', '가리키다(指)', '걸다(挂)', '둘러싸다(围)' 등의 동사는 '在拿', '在指', '在挂', '在围'로는 잘 사용되지 않는다. 중국어 코퍼스를 조사해 보면 이러한 동사들은 대부분 '拿着', '指着', '挂着', '围着' 형태로 사용된다. 그러나『语法信息词典』에서는 이러한 동사들이 '在＋V'가 가능한 것으로 기술되어 있다. 다음의 예문을 보자.

(23) a. *柳清睡在上铺，手上在拿一本英语书。
 b. 柳清睡在上铺，手上拿着一本英语书。
  柳清은 윗 침대에서 잠이 들었는데 손에는 영어책을 들고 있었다.
(24) a. *他在指地图，提出好几个作战方案。
 b. 他指着地图，提出好几个作战方案。
  그는 지도를 가리키며 여러 가지 작전 방안을 제시하였다.
(25) a. *他脖子上在围毛巾，他坐在小凳上。
 b. 他脖子上围着毛巾，坐在小凳上。
  그는 목에 수건을 두르고 의자에 앉아 있(었)다.

(23-25)에서처럼 '拿', '指', '围' 등의 동사는 '在拿', '在指', '在围'로는 잘 사용되지 않고 '拿着', '指着', '围着'로 사용되는 것이 자연스럽다. 그러나

---

102) 초보적인 관찰에 따르면 완정상과 경험상 표지인 '了'와 '过'는 코퍼스와『语法信息词典』 간의 차이가 크지 않다. 중국어 코퍼스에서 자주 출현하는 상용어휘와『语法信息词典』 동사 데이터베이스에서의 '了'와 '过'의 사용 정보는 대개 일치한다고 보여진다. 그러나 동사 데이터베이스 속에 나타난 지속상 'V＋着'와 진행상 '(正)在＋V'의 사용 비율은 중국어 코퍼스의 출현 비율과 차이를 보인다. 중국어 코퍼스 출현빈도를 고려한다면 지속상 'V＋着'의 비율이 훨씬 높아야 하지만 그렇지 않다. 상위빈도 동사 2500개에 대한 데이터베이스 문법 정보를 보면 'V＋着'와 '(正)在＋V'의 수량 차이가 크지 않다. 'V＋着'가 사용가능한 동사는 1,893개(72.9%)이고 '(正)在＋V' 형식이 사용 가능한 것은 1,631개(62.8%)이다. 가장 큰 차이를 보이는 것은 '在'에 대한 결합 가능성이다.『语法信息词典』에서는 '在'의 사용 가능성에 대해 상대적으로 관대하게 기술을 하고 있다. '在'를 사용할 수 있는 동사가 전체 동사 1만 5천 여개 중에서 6,000개가 넘는다. 그러므로『语法信息词典』의 정보는 중국어 코퍼스와 비교하여 신중하게 활용해야 할 것이다.

『语法信息词典』은 이들이 '在'와 결합 가능한 것으로 기술하였으므로 차이가 있다. 아래의 표는 『语法信息词典』 중에서 중국어 코퍼스 사용 양상과 비교적 큰 차이를 보이는 동사들을 제시한 것이다.

[표 8-8] '在'·'着'의 사용에 대한 『**语法信息词典**』과 중국어 코퍼스의 차이점

단어	『语法信息词典』 (正)在 사용여부	중국어 코퍼스 '在' 사용빈도	『语法信息词典』 着了过 사용여부	중국어 코퍼스 '着'사용빈도
拿	在	0	着了过	452
指	在	1	着了过	384
挂	在	0	着了过	263
围	在	1	着了过	175
领	在	0	着了过	159
戴	在	1	着了过	156
瞪	在	0	着了过	134
端	在	1	着了过	125
握	在	0	着了过	102
瞧	在	0	着了过	88
闭	在	0	着了过	76
制约	在	0	着了过	72
扛	在	0	着了过	72
住	在	1	着了过	69

『语法信息词典』 데이터베이스의 문법 정보는 주로 중국인 모국어 화자의 언어적 직관에 근거하여 기술되었다. 그리고 어떤 표현이 문법적으로 가능한지의 여부를 [±X]의 형태로만 제시하고 있을 뿐이다. 이는 중국어 어휘에 대한 규범적인 문법 정보를 알려준다는 점에서 충분히 참고할 가치가 있다. 그러나 이 자료만으로는 실제 동사 결합이 얼마만큼 자연스럽게 많이 사용되는지는 알 수가 없다. [표 8-8]에서 보이듯이 문

법적으로 가능한 표현이라고 해서 반드시 중국어 코퍼스에서 자주 출현하는 것이 아니다. 따라서 『语法信息词典』의 문법정보는 중국어 코퍼스와 같이 비교 검토하여 차이점을 고려해야 할 것이다. 더 나아가 [표 8-8]의 동사들에 대해서는 『语法信息词典』의 문법 정보를 수정할 필요가 있다고 판단된다.

중국어 코퍼스 사용 양상을 고려할 때 『语法信息词典』의 일부 동사에 대한 비완정상 표지 '在' · '着'의 결합 정보는 수정이 필요하다. 대부분의 동사 문법 정보는 중국어 코퍼스 자료와 일치하지만 일부의 동사는 큰 차이를 보이므로 언어 현실에 맞춰 고쳐야 할 것이다. 본고의 분석에 따르면 [표 8-9]에 나온 동사들은 『语法信息词典』에서 'V+着' 특징을 제대로 반영하고 못한다. 예컨대 '决定着', '觉着', '响着', '发生着' 등은 자주 사용되는 형태이나 『语法信息词典』에서는 그 정보가 누락되어 있다. 따라서 이러한 동사에 대한 기술은 수정되어야 할 것이다.

[표 8-9] 『语法信息词典』에 기술되지 않은 'V+着' 형태의 동사들

단어	『语法信息词典』 (正)在 사용여부	중국어 코퍼스 '在' 사용빈도	『语法信息词典』 着 사용여부	중국어 코퍼스 '着' 사용빈도
决定	×	1	×	151
觉	×	0	×	126
响	×	13	×	107
发生	×	21	×	38
载	×	0	×	43
架	在	0	×	34
包括	×	0	×	29
规定	×	0	×	25
产生	在	4	×	21

『语法信息词典』과 같은 데이터베이스 자료는 중국어 동사 전체의 문법 현상을 조망하는데 유용한 자료임에는 틀림이 없다. 이러한 데이터베이스 형태의 자료가 있기에 코퍼스에서 사용되는 수 천 개 동사의 문법 특징을 개괄할 수가 있다. 수많은 동사의 문법성과 비문법성을 조사하는 데도 많은 시간이 절약된다. 그러나 『语法信息词典』의 일부 자료에 대해서는 수정이 필요하다. 일부 동사들의 비완정상 표지 '在'와 '着' 결합정보는 실제 언어생활의 모습을 제대로 반영하지 못한 측면이 있다. 중국어 코퍼스 자료와 비교 분석을 통해서 볼 때 이러한 동사들에 대해서는 문법 정보 기술을 수정하여 반영하여야 할 것이다. 본고에서 제시한 자료들은 『语法信息词典』을 수정 보완하는 데에도 참고가 될 것이다. 요컨대 데이터베이스나 코퍼스 자료는 상호 보완적이므로 비교 검토가 될 때 온전해진다. 더 나아가 단순히 정량적인 분석에 그쳐서는 안 되고 정성적 연구도 병행되어야 한다. 정량 분석의 기초 위에서 상 표지에 대한 문법 특징을 귀납하는 해석이 뒷받침된다면 더 의미있는 연구가 될 것이다.

8.3.4. '在'와 '着'의 상적(aspectual) 기능과 범주

가. 진행상 표지 '在'와 상황유형(situation type)

일반적으로 진행상 표지 '在'는 동태성(dynamicity)을 나타내는 것이 가장 기본적인 기능이라고 논의되어 왔다. 어떠한 상황이 동태적으로 진행되고 있는 것을 묘사하는 것이 '在'의 핵심적인 기능이다. '在'는 정태적인 상황에서는 잘 사용되지 않는다. 따라서 '在'와 결합되는 동사들도 일반적으로 동작성이 강한 활동동사(activity verb)이다. 반면에 정태적인 상황을 나타내는 상태동사(stative verb)와의 결합은 상대적으로 제한적이다.

Xiao & McEnery(2004:209)의 분석에 따르면 '在'와 결합되는 동사의 유형은 '활동동사(83.0%)>달성동사(9.1%)>성취동사(3.4%)>순간동사(2.3%)>(단계)상태동사(2.3%)'의 순서를 가진다.

[표 8-10] 진행표지 '在'의 분포(Xiao & McEnery, 2004:209)

	ILS 개별상태	SLS 단계상태	ACT 활동동사	SEM 순간동사	ACC 달성동사	ACH 성취동사	합계
사용빈도	0	2	73	2	8	3	88
비율	0.0%	2.3%	83.0%	2.3%	9.1%	3.4%	100.0%

[표 8-10]에 따르면 '在'의 가장 두드러진 특징이 활동동사의 비중이 높고 상태동사의 비중은 낮다는 것이다. 활동동사의 비중이 높다는 것은 '在'의 동태적 특징을 고려할 때 자연스럽게 받아들일 수 있다. 예를 들어 "그는 아직도 텔레비전을 보고 있다(他还在看电视)", "그는 목욕을 하고 있다(他在洗澡)" 등은 전형적인 동태적 상황 유형이다.

우리가 더 주목해야 할 것은 상태동사와의 결합이다. 그동안 '在'는 일반적으로 상태성(또는 정태성)이 강한 동사와는 잘 결합되지 않는다고 언급되어 왔다. 이는 '着'와 비교했을 때 '在'가 가지는 가장 중요한 특징이다. 특히 Xiao & McEnery(2004:209)는 '在'가 개별층위상태(ILS: Individual Level of Stative)를 나타내는 동사와는 결합되지 않는다고 하였다. 예를 들어 '*在高(크고 있다)', '*在聰明(총명하고 있다)', '*在知道(알고 있다)' 등은 모두 비문법적이다. 이 점은 Smith(1997:77), Yang(1995:127) 등에서도 지적하고 있다. 그러나 이들은 개별상태가 아닌 단계적 상태(SLS: Stage Level of Stative)를 나타내는 경우에는 결합이 가능하다고 보았다. Yang(1995:126)과

Xiao& McEnery(2004:209)는 "你还在恨我吗?(너는 아직도 나를 미워하고 있니?)" 처럼 '恨(미워하다)'라는 상태동사는 변화의 단계성을 가지고 있으므로 '在 恨' 결합이 가능하다고 보았다. 이들의 논의를 정리하면 개별 층위 상태 (ILS)의 상태동사는 '在' 결합이 불가능하고 단계 층위 상태(SLS)의 상태 동사는 '在' 결합이 가능하다는 것이다.

그러나, 본고에서 대량의 중국어 코퍼스를 관찰한 결과에 따르면 상 태동사의 '在' 결합이 더 다양한 형태로 나타난다. 특히 Yang(1995)와 Xiao & McEnery(2004)가 말한 개별 층위 상태(ILS) 유형의 동사들도 '在' 와 공기하는 예를 찾을 수 있다. 예를 들어 '좋다(好)', '춥다(冷)', '크다(大)' 등은 전형적인 ILS 유형의 상태동사이지만 다음과 같은 예에서는 '在'와 공기할 수 있다.

> (26) 情况正在好起来。
>   상황이 좋아지고 있다.
> (27) 肚子好像一天一天地在大起来了。
>   배가 날마다 커지고 있는 것 같다.
> (28) 这种热量也还在慢慢变冷。
>   이러한 열 에너지도 천천히 식어가고 있다.

(26-27)에서는 '好＋起来', '大＋起来'처럼 '起来'라는 기동상(inceptive aspect) 표지가 부가되면서 '在'가 사용되었다. (28)에서 '变冷'도 앞에 '慢慢(천천히)' 라는 부사어가 사용되면서 '在'가 결합되었다. ILS 유형의 상태동사라고 할 지라도 기동상 표지나 부사어 등과 같이 단계적 변화를 나타내는 성분 이 추가되면 '在'는 상태동사와 결합할 수 있다. 따라서 Yang(1995)와 Xiao & McEnery(2004)의 견해는 다음과 같이 수정하는 것이 바람직하다.

(29) 진행표지 '在'와 상태동사와의 결합 조건
     : 일반적으로 상태동사는 '在'와 잘 결합되지 않지만 단계적 변화
       를 나타내는 성분이 추가되면 ILS, SLS 모두 진행표지 '在'와
       결합할 수 있다.

이번에는 순간활동(semelfactive) 유형의 동사를 살펴보기로 한다. 순간
활동 동사는 '문을 두드리다(敲门)'처럼 반복적이고 순간적인 동작을 나타
낸다. 이들은 진행표지 '在'와 결합하는 것이 자연스럽다. 예를 들어 '박
수치다(拍手)', '두드리다(敲)', '기침하다(咳嗽)' 등과 같이 반복적이고 순간
적인 동작을 나타내는 동사들은 '在'와의 결합이 가능하다. [표 8-10]에서
는 2개의 동사만이 제시되어 있지만 본고에서 조사한 코퍼스를 살펴볼
때는 그 수가 더 많다. 그리고 진행표지 '在'가 순간활동 동사와 결합되
는 비율은 '着'보다 높다(Xiao & McEnery, 2004:188, 210). 예컨대 '부르르 떨다
(发抖)', '떨리다(抖动)', '진동하다(震动)', '전율하다(战栗)' 등의 동사를 들 수
있다.

다음으로는 달성동사(accomplishment) 유형에 대해 살펴보기로 한다.
Smith(1997)와 Xiao & McEnery(2004)는 '在'가 달성동사와 결합되기 위해
서는 기본적으로 뒤에 수량을 지칭하는 양화 논항이 나오지 않아야 한
다고 보았다. 그 이유는 범칭의 내부 논항 명사가 오는 것은 상관 없지
만 특정 수량구 명사가 논항으로 오면 종결점이 부여되기 때문이라고
하였다. 이들은 진행상 표지인 '在'가 달성동사와 결합되기 위해서는 수
량구 명사가 오지 않아야 한다고 하였다. 그러나 실제로 중국어 코퍼스
를 관찰해 보면 수량명사구가 오는 경우에도 많이 '在'가 종종 사용된다.
따라서 달성동사의 경우에 뒤에 수량명사구가 오지 않아야 한다는
Smith(1997)의 제약 설명은 실제와 부합되지 않는 측면이 있다. 다시 말

하면 수량명사구 논항만으로는 달성동사와 '在'의 결합을 설명하기에는 불충분하다. 오히려 달성동사는 어느 정도 '在'와의 결합이 자유로운 편이라고 보는 것이 합리적이라고 판단된다. Xiao & McEnery(2004:209)의 분석에서도 달성동사와 결합되는 비율은 활동동사에 이어 두 번째로 많은 비율을 차지한다. 본고의 판단으로는 동사 또는 논항간의 결합으로 종결성을 부여하는 상황유형이라고 해도 진행상 표지와의 결합에 있어서는 크게 영향을 미치지 못하는 것으로 보인다. 동사의 내부 상황 유형이 종결성을 가지는 것처럼 보여도 관점상을 부가해야 최종적으로 완료와 미완료의 의미를 나타낼 수 있다고 판단된다. 이러한 점은 진행상 표지 '在'와 성취동사와의 결합을 통해서 더 분명히 드러난다.

진행상 표지 '在'와 성취동사(achievement) 유형간의 결합은 Smith(1997: 272)의 말대로라면 불가능해야 한다. 왜냐하면 성취동사는 이미 동사 자체에 종결점(endpoint)가 있기 때문이다. 그러나 중국어 코퍼스를 관찰해 보면 성취동사로 분류되는 것들이 종종 '在'와 결합된다. 예를 들어 '해결하다(解决)', '-이 되다(成为)', '발생하다(发生)', '향상되다(提高)' 등은 이미 동사 자체에 종결점이 있다. 그러나 중국어 코퍼스를 관찰해 보면 '正在＋解决', '正在＋成为', '正在＋发生', '正在＋提高' 등이 자주 사용된다. 이러한 용례들은 중국 국가 코퍼스와 북경대학 코퍼스에서 자주 출현한다.

(30) 青年教师的流失正在成为问题。
   청년 교사들이 사라지는 것이 문제가 되고 있다.
(31) 有些问题已经解决了，但有一些正在解决。
   어떤 문제는 이미 해결되었으나 어떤 문제는 아직 해결하는 중이다.
(32) 国际局势正在发生新的变化
   국제 정세에 새로운 변화가 생기고 있다.

(30-32)에서 성취동사들이 모두 '在'와 공기하고 있다. 물론 Smith(1997)와 Yang(1995)의 주장처럼 대부분의 성취동사들은 동사 자체에 종결 자질을 가지고 있어 비완정상 표지와는 결합이 잘 안된다. 그러나 실제 중국어 코퍼스를 관찰해보면 이미 종결성이 있는 동사들에게 '在'가 부가되어 동사의 상적 특징이 동태적으로 변화된 의미를 나타낸다. 이러한 측면이 바로 진행상 표지 활용의 동태적인 측면이라고 판단된다. 특히 이러한 현상은 지속상 표지인 '着'보다는 '在'에 더 자주 관찰된다는 것이 본고의 분석 결과이다. 따라서 본고에서는 Smith(1997)의 주장이 다음과 같이 수정되어야 한다고 본다.

> (33) 성취동사와 진행표지 '在'의 결합
> : 중국어의 성취동사 중 일부의 성취동사는 비록 종결 자질을 가지고 있지만 진행 표지 '在'와의 결합을 통해 그 종결성이 사라지고 동태적 진행 과정이 부각되는 의미를 나타낼 수 있다. 따라서 모든 성취동사가 진행표지 '在'와 결합 불가능한 것은 아니다.

나. 지속상 표지 '着'와 상황유형(situation type)

일반적으로 '着'는 동사 뒤에 출현하여 동작이나 상태의 지속성을 드러내기 때문에 지속상 표지라고 불린다.

Xiao & McEnery(2004:188)에 따르면 지속상 표지 '着'와 자주 결합되는 동사 유형은 '활동동사(55.5%)>단계상태동사(26.9%)>개별상태동사(15.1%)>순간동사(1.7%)>달성동사(0.8%)>성취동사(0.0%)'의 순서를 가진다. [표 8-11]에서 보이는 '着'의 분포는 진행상 표지 '在'와 비교했을 때 활동동사를 제외하고 다른 유형의 동사 유형은 모두 큰 차이를 나타낸다.

[표 8-11] 지속상 표지 '着'의 분포(Xiao & McEnery, 2004:188)

	ILS 개별상태	SLS 단계상태	ACT 활동동사	SEM 순간동사	ACC 달성동사	ACH 성취동사	합계
사용빈도	36	64	132	4	2	0	238
비율	15.1%	26.9%	55.5%	1.7%	0.8%	0.0%	100.0%

위의 표는 Weekly corpus에서 출현한 238개 동사를 대상으로 분석한 것인데 이 중에서 주목할 것은 상태동사인 ILS와 SLS의 사용빈도이다. 왜냐하면 기존의 Smith(1997:273)과 Bohnemeyer(2000:35) 등은 "*他聰慧着(그는 똑똑하다)", "*他胖着(그는 뚱뚱하다)"가 비문인 것을 근거로 들어 상태동사(특히 ILS 본유의 상태)와는 '着'가 양립할 수 없다고 하였기 때문이다. Yang(1995)도 상태동사는 '着'와 잘 결합되지 않는다고 하였다. 그러나 본고의 분석에 따르면 이들의 주장은 사실과 거리가 있다고 보인다. 오히려 Xiao & McEnery(2004)의 관점이 더 타당하다. 중국어 코퍼스의 사용 양상을 보면 'V+着' 유형의 동사 중에 상태동사로 볼 수 있는 것들이 많기 때문이다. 그 전형적인 예로 '살다(活)', '의미하다(意味)', '존재하다(存在)', '있다(有)' 등을 들 수 있다. 이러한 동사들은 동작성이 없는 어떠한 상태나 사실, 존재 등을 나타낸다. 다음의 예를 보자.

(34) 他还活着呢。
그는 아직 살아 있다.
(35) 这件事意味着什么？
이 일은 무엇을 의미하는가?
(36) 他才发现人类间还存在着幸福。
그는 비로소 인간 세상에 아직 행복이 존재한다는 것을 발견하였다.

(34-36)에서 '活', '意味', '存在'는 개별상태(ILS) 유형에 가까운 동사이다. 그리고 이들은 오히려 문장에서 '着'가 부가되어야 자연스럽지 생략되면 어색한 표현이 된다. 이러한 관점에서 보자면 ILS 유형의 동사들도 '着'와 결합할 수 있다. 그리고 이 비율을 '在'보다 훨씬 높다. [표 8-11]에 따르면 ILS 유형의 동사가 15%를 차지한다. 이에 비해 '在'는 '*在活', '*在意味', '*在存在'처럼 사용될 수 없다. 앞에서 언급하였듯이 '在'가 ILS 유형과 결합하려면 기동상(起来)나 부사어 등이 반드시 같이 출현해야 하지 단독으로는 ILS 유형의 동사와 결합할 수 없다. 반면 '着'는 일부의 상태동사와 다른 부가적 장치 없이 바로 결합할 수 있다. 심지어 1950년대 이전의 현대중국어에는 거의 사용되지 않았던 '有+着'의 결합도 1990년대 이후의 중국어 코퍼스에서는 빈번하게 출현한다. 이에 대해 陈前瑞 (2008:235)에서는 呂淑湘과 朱德熙도 처음에는 '有+着'를 비문법적인 표현으로 간주했는데 나중에는 언중들이 많이 사용하므로 자연스러운 표현으로 받아들이고 있다고 하였다. 이상의 논의를 통해 상태동사와 '着'의 결합은 다음과 같이 정리할 수 있다.

(37) 지속상 표지 '着'과 상태동사의 결합 양상
: 지속상 표지 '着'는 '在'에 비해 상태동사와의 결합이 훨씬 자유롭다. '着'는 '在'에 비해 결합할 수 있는 동사의 종류도 많고 다른 부가적 장치 없이 일부의 ILS 유형 동사와 SLS유형의 동사와 결합할 수 있다.

이번에는 지속상 표지 '着'와 활동동사(activity) 유형과의 결합 관계를 살펴보기로 한다. Smith(1997), Xiao & McEnery(2004:191)에서도 지적했듯이 '着'는 [+durative] 자질을 가지는 상 표지이므로 지속성이 있고 종결점이 없는 활동동사와는 자유롭게 결합할 수 있다. 본고의 중국어 코퍼스 자료를 통해서도 이러한 양상은 확인된다. 그러나 지속상 표지 '着'가 활동동사와 결합되는 방식은 '在'에 비해서 큰 차이점이 있다. 그것은 '在'가 동작의 동태성을 나타내고 '着'는 동작의 지속성 또는 연속성 (continuance)를 나타낸다는 의미적 차이도 있지만 형식면에서 차이를 보인다. 지속상 표지 '着'가 사용된 문장을 관찰해 보면 상당히 많은 수량의 동작 동사가 '着'과 결합될 때는 그것이 'V + 着 + VP'형태로 사용된다. 즉 'V + 着'가 후행 동사구를 수식하는 형태이다. Xiao & McEnery(2004: 182)는 이러한 'V + 着'의 기능을 '겹치는 동작(overlapping action)'이라고 하였다. 즉 하나의 동작이 다른 동작과 겹쳐서 어떠한 상황이 나타난다. 이 때 'V + 着'는 후행동사에 배경 정보를 제공하는 역할을 하는 부사어처럼 사용된다. 다음의 예를 보자.

(38) a. 他们 [带着 7 岁的儿子]VP [来看展览]VP。
　　 b. *他们 在带 7 岁的儿子 来看展览。
　　　　 그들은 7살 된 아들을 데리고 전시회를 보러왔다.
(39) a. 他 [指着地图]VP, [提出好几个作战方案]VP。
　　 b. *他在指地图, 提出好几个作战方案。
　　　　 그는 지도를 가리키며 여러 가지 작전 방안을 제시하였다.
(40) a. 他脖子上 [围着毛巾]VP, [坐在小凳上]VP
　　 b. *他脖子上在围毛巾, 他坐在小凳上
　　　　 그는 목에 수건을 두르고 의자에 앉아 있(었)다.

(38-40)에서 보이듯이 '着'는 선행동사와 결합되어 동작의 지속을 나타내면서 후행동사구를 수식하는 기능을 한다. 그러나 '在'에는 이러한 기능이 없어 만약 (38-40)의 문장을 '在'로 바꾸면 모두 비문이 된다. 본고

의 관찰에 따르면 50% 이상의 용례들이 'V+着+VP'의 형식을 취하고 있다. 이러한 점은 Xiao & McEnery(2004:192)에서도 이미 지적한 바 있다. 즉 '在'와 비교해서 '着'가 동작동사와 결합될 때 가지는 큰 특징은 단독으로 사용되지 않고 많은 경우에 'V+着+VP' 형태로 사용된다는 점이다. 뿐만 아니라 지속상 표지 '着'는 '拍', '敲' 등과 같은 순간활동동사와 결합될 때에도 "他轻轻拍着我的背, 说...(그는 가볍게 내 등을 두드리며 말했다)"처럼 대개 'V+着+VP' 형태로 사용된다. 따라서 '着'가 활동동사와 결합되는 유형은 다음과 같이 정리할 수 있다.

(41) 지속상 표지 '着'와 (순간)활동동사의 결합 유형
: 지속상 표지 '着'는 활동동사 또는 순간활동동사와 자유롭게 결합할 수 있으나 많은 경우에 단독으로 사용되기 보다는 'V+着+VP' 형태로 후행 동사구를 수식하는 부사어적인 기능을 하는 것이 특징이다. 이러한 '着'의 경향성은 진행상 표지 '在'가 활동동사와 결합하여 단독으로 술어를 이루는 기능과는 사용빈도 면에서 일정한 차이를 보인다.

마지막으로 살펴볼 것은 달성동사(accomplishment) 또는 성취동사(achievement)가 '着'와 결합되는 양상이다. 달성동사와 성취동사는 대개 종결점을 가지고 있어서 '了', '过' 등과 같은 완정상 표지와는 자연스럽게 결합되지만 비완정상 표지 '在'와 '着'와는 잘 결합되지 않는다. 본고의 관찰에 따르면 특히 '着'는 이러한 달성동사와 성취동사의 결합에 가장 많은 제약을 받는다. Smith(1997:75)와 Xiao & McEnery(2004:194)에서도 '着'는 달성동사나 성취동사와 잘 결합하지 않는다고 하였다. 그 중에서도 성취동사는 동사 자체에 지속성 자질이 없는 [-durative][+result] 유형이므로 지속상 표지 '着'와는 양립 불가능하다고 하였다. 본고의 중국어 코퍼스 분

석 결과도 대체로 이러한 경향성을 보인다. 그러나 한 가지 언급할 것은 이러한 제약은 '在'보다 '着'가 더 심하다는 점이다. 위에서 예로 들었듯이 일부의 성취동사들은 '正在＋解決', '正在＋形成', '正在＋成为' 처럼 '在'와 결합되기도 한다. 이에 비해 '*解決着', '*形成着', '*成为着' 등은 어색한 결합이다. 다음의 북경대학 코퍼스 사용빈도를 보아도 '着'는 '在'에 비해 성취동사와의 결합이 더 제한적이다.

> (42) 북경대학 CCL 코퍼스에서 성취동사의 사용빈도 차이
> a. 正在形成(792회)　　　形成着(5회)　　　形成了(14396회)
> b. 正在成为(799회)　　　成为着(8회)　　　成为了(1036회)
> c. 正在解決(45회)　　　解決着(3회)　　　解決了(6592회)

　이상의 논의를 종합해 보았을 때 지속상 표지 '着'는 지속성의 자질이 있는 동사들과 결합되며 지속성이 없는 달성동사나 성취동사와는 그 결합이 상당히 제약을 받는다. 반면 지속상 표지 '着'는 동작이나 상태의 지속을 나타내므로 ILS 유형과 SLS 유형의 상태동사와 결합하는 비율이 다른 상 표지에 비해서 높다고 할 수 있다. 그리고 동작을 나타내는 활동동사 또는 순간활동동사와도 결합이 자유로운 편인데 이 때는 많은 경우에 단독으로 사용되기 보다는 후행동사구를 수식하는 V＋着＋VP 형태로 사용된다.

8.3.5. 맺음말

　중국어는 시제보다는 상(aspect) 체계가 발달한 언어이다. 중국어에는 시제의 개념을 명시적으로 표현하는 문법소는 적지만 완료나 지속, 진

행, 경험 등을 나타내는 문법적 표지가 많이 사용된다. 동작의 완료를 표시할 때는 '了'를 사용하고 동작이나 상태의 지속을 표시할 때는 '着'를 사용한다. 동작의 진행을 나타낼 때는 동사 앞에 '在'라는 문법 표지를 사용한다.

본고에서는 현대중국어의 중요한 문법 범주로 논의되고 있는 상 체계를 살펴보았다. 상은 시간의 내적 구성과 관련하여 일반적으로 완정상과 비완정상으로 나뉜다. 그 중에서 '了'와 같은 완정상 연구는 이미 많은 연구가 이루어져 왔다. 이에 비해 '着'나 '在' 등과 같이 지속이나 진행을 나타내는 비완정상에 대해서는 상대적으로 연구가 적은 편이다.

본 연구는 현대중국어 비완정상 표지 '在'와 '着'가 동사들과 어떠한 결합 관계를 가지는지 고찰하는 것을 목적으로 진행되었다. 기존의 연구에서는 '在'와 '着'의 문법적 기능에 초점을 맞추어 연구를 진행했다고 한다면 본 연구에서는 이들과 자주 결합되는 동사들의 사용 빈도와 유형을 파악하는데 초점을 맞추었다. 또한 이전의 연구와는 달리 대량의 중국어 코퍼스 자료를 이용하여 2,500개 이상의 동사들의 사용빈도와 결합 양상을 분석하였다. 그래서 수많은 개별 동사가 비완정상 표지 '在'·'着' 와 얼마나 자유롭게 또는 제한적으로 결합하는지를 파악할 수 있었다. 본 연구에서 활용한 중국국가코퍼스(国家语委语料库)는 기존의 Xiao & McEnery(2004)가 사용한 LCMC 코퍼스보다 규모면에서 훨씬 크고 다양한 장르의 문장을 담고 있어서 중국어의 특징을 적절히 반영하고 있다. 이 자료에서 선별한 용례들은 그의 연구 결과를 검증하는데 충분히 활용될 수 있었다. 더 나아가 본고에서는 북경대학의 『现代汉语语法信息词典』 데이터베이스 2,500개 동사를 검토하였는데 이것 역시 기존에는 시도되지 않았던 방대한 작업이었다. 그 결과 중국어 코퍼스의 특징이 문법 정보데이터베이스에 어떻게 반영되었는지를 검증할 수 있었고 일부의 데이터베이스 자료들의 오류도 찾아낼 수 있었다. 중국어 코퍼스와 2,500여개의 동사에 대한 상 표지 결합 관계를 분석한 결과 우리는 비완정상 표지 '在'와 '着'가 동사의 유형에 따라 다른 분포를 보인다는 것을 알 수 있었다.

부록 1. 1996 LATWP 코퍼스에 출현한 (the) last/next time의 카이제곱 검정 코드와 분석 결과

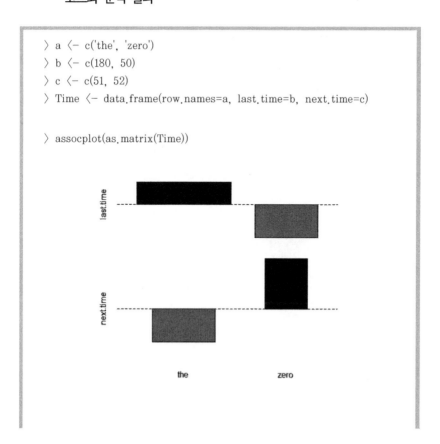

```
> chisq.test(Time, correct=FALSE)

        Pearson's Chi-squared test

data: Time
X-squared = 27.667, df = 1, p-value = 1.441e-07

> chisq.test(Time)$residuals
       last.time next.time
the    1.619031 -2.419359
zero  -2.436470  3.640879
> chisq.test(Time)$residuals^2
       last.time next.time
the    2.621260    5.8533
zero   5.936384   13.2560
> qchisq(c(0.05), 1, lower.tail=F)
[1] 3.841459
```

부록 2. 구어 코퍼스에 출현한 (the) last/next time의 카이제곱 검정 코드와 분
　　석 결과

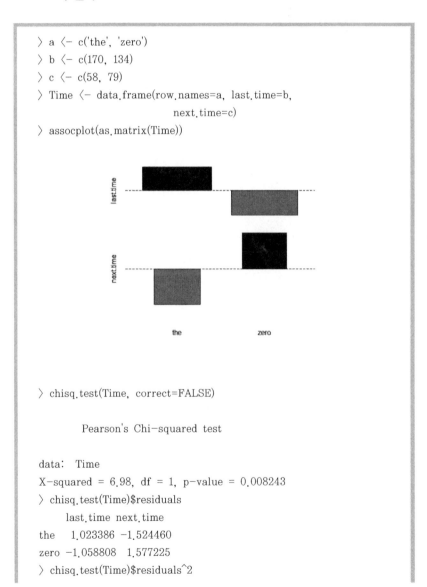

```
> a <- c('the', 'zero')
> b <- c(170, 134)
> c <- c(58, 79)
> Time <- data.frame(row.names=a, last.time=b,
                            next.time=c)
> assocplot(as.matrix(Time))
```

```
> chisq.test(Time, correct=FALSE)

        Pearson's Chi-squared test

data: Time
X-squared = 6.98, df = 1, p-value = 0.008243
> chisq.test(Time)$residuals
      last.time next.time
the    1.023386 -1.524460
zero  -1.058808  1.577225
> chisq.test(Time)$residuals^2
```

```
        last.time next.time
the    1.047319   2.323977
zero   1.121074   2.487638
> qchisq(c(0.05), 1, lower.tail=F)
[1] 3.841459
```

참고문헌

강병규(2007), "통합형 언어 데이터베이스 『현대중국어문법정보사전』의 구축
　　　과 활용", 『중국어문학논집』 46집.

강병규(2011), "현대중국어 비완정상 표지 '在'와 '着'의 동사 결합 관계 양상 고
　　　찰", 『중어중문학』 제48집.

강병규(2013), "중국어 코퍼스 분석을 위한 검색 프로그램 비교 고찰 - Word
　　　Smith Tools 6.0과 AntConc 3.2.4를 중심으로", 『중국언어연구』 44집.

강병규(2016), "신문 빅데이터를 통한 신중국 60년 시기의 어휘 사용 양상 고찰
　　　: ≪인민일보≫를 중심으로", 『인문과학연구논총』 38집.

김덕균(2008), "현대 한어 진행상 "在"와 지속상 "着"의 认知的 显着性", 『中国人
　　　文科学』 第32辑.

김흥규 외(2007), "21세기 세종계획 기초자료구축 연구 보고서", 국립국어원.

박민아(2010), 『현대중국어 상 결합모형 연구』, 고려대학교 석사학위 논문

유원호(2014), 『Grammar 절대 매뉴얼-실전편』, 서울: 넥서스.

유원호(2015), 『Grammar 절대 매뉴얼-입문편』, 서울: 넥서스.

유원호(2016), 『영어습득의 이해: 원리와 응용』, 서울: 서강대학교출판부.

유원호(2017), 『Speaking 절대 매뉴얼』, 파주: 넥서스.

이명정(2010), 『현대중국어 상 체계 분석』, 고려대학교 박사학위 논문

이은수(2006), 「현대중국어의 진행과 지속의 시태 표지」, 『중국어문논총』 30집

정지수(2010), 『현대중국어 상과 부정』, 고려대학교 박사학위 논문

진남남(2010), 『한국어와 중국어의 상체계 비교 연구』, 서울시립대학교 박사학
　　　위 논문

최규발·정지수(2010), 「현대중국어 사건의 고정화와 상(aspect)」, 『중국학논총』
　　　28집.

한국문학평론가협회(2006). 『문학비평용어사전』, 서울: 국학자료원.

Aarts, B. (2011), *Oxford modern English grammar*, Oxford: Oxford University Press.

Allen, R. L., & Hill, C, A. (1979), "Contrast between Ø and *the* in spatial and temporal predication", *Lingua* 48, 123-76.

Barrie, M., & Yoo, I. W. (2017), "Bare nominal adjuncts", *Linguistic Inquiry* 48(3), 499-512.

Biber, D., Johansson, S., Leech, G., Conrad, S., & Finegan, E. (1999), *Longman grammar of spoken and written English*. Harlow: Longman.

Biber, D., Conrad, S. & Reppen, R. (1998), *Corpus linguistics: Investigating language structure and use*, Cambridge: Cambridge University Press.

Brown, D. B. (2007). *Principles of language learning and teaching* (5th ed.), New York: Longman.

Carter, R., McCarthy, M., Mark, G., & O'Keeffe, A. (2011), *English grammar today*, Cambridge: Cambridge University Press.

Celce-Murcia, M., & Yoo, I. W. (2014), "Discourse-based grammar and the teaching of academic reading and writing in EFL contexts", *English Teaching* 69(1), 3-21.

Chae, S. (2007). "Debunking the myth of 'majestic' *thou*, the archaic English second person pronoun", *Korean Journal of English Language and Linguistics* 7(4), 457-475.

Collins COBUILD English usage (2nd ed.). (2004), Glasgow: HarperCollins Publishers.

Francis, W. N. & Kučera, H. (1964), *Manual of information to accompany a standard corpus of present-day edited American English, for use with digital computers*, Providence, RI: Brown University, Department of Linguistics.

Huddleston, R., & Pullum, G. K. (2002), *The Cambridge grammar of the English language*, Cambridge: Cambridge University Press.

Kennedy, G. (1998), *An introduction to corpus linguistics*, Harlow: Addison Wesley Longman.

Klein, W. (2009), "How time is encoded", In W. Klein & P. Li (Eds.), *The expression of time* (pp. 39-82). Berlin: Mouton de Gruyter.

Larsen-Freeman, D., & Celce-Murcia, M. (2016), *The grammar book* (3rd ed.),

Boston: National Geographic Learning.

Larsen-Freeman, D., Kuehn, T., & Haccius, M. (2002), "Helping students make appropriate English verb tense-aspect choices", *TESOL Journal* 11(4), 3-9.

Longman dictionary of English language and culture. (1992), London: Longman.

McCarthy, M., & O'Keeffe, A. (2014), "Spoken grammar", In M. Celce-Murcia, D. M. Brinton, & M. A. Snow (Eds.), *Teaching English as a second or foreign language* (4th ed.) (pp. 271-287), Boston: National Geographic Learning.

Murphy, R. (2002), *Basic grammar in use* (2nd ed.), Cambridge: Cambridge University Press.

Pinker, S. (1999), *Words and rules: The ingredients of language*, New York: Perennial.

Pinker, S. (2007), *The stuff of thought: Language as a window into human language*, New York: Penguin Books.

Smith, C. S. (1997), *The parameter of aspect* (2nd ed.), Dordrecht: Kluwer Academic Publishers.

Swan, M. (2016), *Practical English usage* (4th ed.), Oxford: Oxford University Press.

Thompson, G. (1994), *Collins COBUILD English guides 5: Reporting*, London: HarperCollins.

Yang, S. (1995), *The aspectual system of Chinese*, PhD Thesis, University of Victoria.

Yoo, I. W. (2005), "A corpus analysis of *cinan/cen* 'last/before' and *taum/nay* 'next/coming' before temporal nouns in Korean", In R. Bley-Vroman & H.-S. Ko (Eds.), *Corpus linguistics for Korean language learning and teaching* (Technical Report #26; pp. 149-190), Honolulu, HI: University of Hawai'i, Second Language Teaching & Curriculum Center.

Yoo, I. W. (2007a), "Five factors in interpreting *the last decade/century* and *the next decade/century* in American English", *Journal of Pragmatics* 39(9), 1526-1546.

Yoo, I. W. (2007b), "Definite article usage before *last/next time* in spoken and written American English", *International Journal of Corpus Linguistics* 12(1), 83-105.

Yoo, I. W. (2008), "A corpus analysis of *(the) last/next* + temporal nouns", *Journal of English Linguistics* 36(1), 39-61.

Yoo, I. W. (2011), "Ellipsis with *last* and *next* in written American news language", *Journal of Pragmatics* 43(6), 1663-1674.

Yoo, I. W. (2015), "The non-deictic use of *previous* and *last*: A corpus-based study", *English Studies* 96(3), 337-357.

Xiao, R., & McEnery, T. (2004), *Aspect in Mandarin Chinese: A corpus-based study*, Amsterdam: John Benjamin Publishing Company.

戴耀晶(1997), 『汉语时体系统研究』, 中国 浙江教育出版社.

吕淑湘(1984, 2002), 『现代汉语八百词』, 中国 商务印书馆.

俞士汶 编着(2003), 『现代汉语语法信息词典详解』(第2版), 北京 清华大学出版社.

劉月华外 着, 김현철 译(2005), 『实用现代汉语语法』, 송산출판사.

陆俭明, 沈阳(2003), 『汉语和汉语研究十五讲』, 中国 北京大学出版社.

朱德熙(1982, 2000), 『语法讲义』, 中国 商务印书馆.

陈前瑞(2008), 『汉语体貌研究的类型学视野』, 中国 商务印书馆.

陈忠(2009), 『汉语时间结构研究』, 中国 世界图书出版公司.

저자약력

홍정하(洪正河)

〈학력 및 주요경력〉

1996년 고려대학교 언어학과 학사
1998년 고려대학교 철학과(언어학) 석사
2005년 고려대학교 언어과학과(전산언어학) 박사
2008~2009 고려대학교 민족문화연구원 HK 연구교수
2009~2013 고려대학교 언어정보연구소 연구교수
2016~현재 서강대학교 국제지역문화원 연구교수

유원호(Isaiah WonHo Yoo)

〈학력 및 주요경력〉

1998년 UC버클리 심리학 학사
2000년 UCLA 응용언어학/영어교육학 석사
2003년 UCLA 응용언어학 박사
2003~2006년 MIT 외국어과 영어교육부 대우교수
2006~현재 서강대학교 영미어문학과 교수

강병규(姜柄圭)

〈학력 및 주요경력〉

1995년 서울대학교 중어중문학과 학사
1997년 서울대학교 중어중문학과 석사
2006년 북경대학(北京大学) 전산언어학연구소 박사
2008~2012년 서울시립대학교 중국어문화학과 조교수
2012~현재 서강대학교 중국문화전공 부교수

R을 이용한 코퍼스언어학 연구
－한국어, 영어, 중국어 시제와 상 연구를 중심으로 －

초 판 1쇄 인쇄 2018년 2월 25일
초 판 1쇄 발행 2018년 2월 28일
저 자 홍정하 · 유원호 · 강병규
펴낸이 이대현
편 집 박윤정
디자인 홍성권
펴낸곳 도서출판 역락 | 등록 제303-2002-000014호(등록일 1999년 4월 19일)
주 소 서울시 서초구 반포4동 577-25 문창빌딩 2층
전 화 02-3409-2058(영업부), 2060(편집부) | 팩시밀리 02-3409-2059
전자우편 youkrack@hanmail.net
I S B N 979-11-6244-145-9 93700